Rolf Kipp

forever living rich

finanzielle freiheit durch passives einkommen

Rolf Kipp

forever living rich

Alle Beispiele, Informationen, Anregungen und Tipps basieren auf den Erkenntnissen sowie der Gesetzeslage zum Zeitpunkt des Schreibens und wurden mit der größtmöglichen Sorgfalt zusammengestellt. Dabei wurde darauf geachtet, dass die gewählten Beispiele allgemein sind. Trotz aller Sorgfalt sind Fehler jedoch nicht ganz auszuschließen. Weil sich in Einzelfällen und durch Änderungen von Gesetzen und Vorschriften eventuell andere Umstände ergeben können, ist eine Haftung von Verlag und Autor für Schäden aus der Anwendung der hier erteilten Ratschläge ausgeschlossen. Auch können Autor und Verlag weder eine Garantie noch irgendeine Haftung für Personen und Sachschäden, die auf fehlerhafte Angaben in diesem Buch zurückzuführen sind, übernehmen.

Die UrheberInnen der in diesem Buch enthaltenen Sprüche, Zitate und Aphorismen sind genannt. Fehlen sie, dann waren sie nicht eindeutig feststellbar. Das gilt auch für Spruchweisheiten aus dem Volksmund und für Neuformulierungen alter oder zu langer Sprüche.

Die Wiedergabe von Gebrauchsnamen, Handelsnamen, Warenbezeichnungen usw. in diesem Buch berechtigt auch ohne besondere Kennzeichnung nicht zu der Annahme, dass solche Namen im Sinne der Warenzeichen- und Markenschutz-Gesetzgebung als frei zu betrachten wären und daher von jedermann benutzt werden dürfen.

Alle in diesem Buch vorgestellten Geschäftsmodelle und Aussagen über Vertriebssysteme sind Beispiele. Sie stellen keine Aufforderung dar, den Schritt in die Selbstständigkeit zu gehen. In jedem Fall ist das Gespräch mit ausgewiesenen Experten notwendig (z. B. Steuerberater). Der Leser ist für sein Handeln ausschließlich selbst verantwortlich. Verlag und Autor übernehmen keine Erfolgsgarantie oder jede andere Form von Gewährleistungen.

1. Auflage 2019

Inhalt

„forever living rich" – (k)ein Versprechen

Hand aufs Herz. Was ist Ihnen spontan durch den Kopf gegangen, als Sie den Buchtitel gelesen haben? Wieder so ein „Ich mach dich reich"-Ratgeber, von denen es tausende gibt? Selbst wenn dem so wäre, warum nur sind Bücher dieses Genres in der Leserschaft so verrufen? Es mag verschiedene Gründe geben, doch zuvorderst stehen immer diese zwei: Autor und Leser.

Zum einen schreiben viele Autoren – aber nicht alle – so, wie ein Blinder über Farben spricht. Es mag ihnen nicht unbedingt an Sachverstand fehlen, wohl aber an gelebter Erfahrung. Ich vertraue nur Autoren, die in der Praxis vorleben, worüber sie später schreiben. Zum anderen haben etliche Leser eine Erwartungshaltung, die kaum ein Autor erfüllen kann. Sie suchen nach einer Reichtums-Formel, mit deren Hilfe sie möglichst schnell und mit wenig Aufwand sehr reich werden können. Reines Wunschdenken.

Dass Sie zu diesem Buch gegriffen haben, beweist zweierlei: Sie vertrauen dem Autor und Sie sind bereit, sich nicht nur von seinen Erfahrungen berieseln zu lassen, sondern selbst aktiv zu werden. Ihnen ist klar, dass es keine Rolltreppe zum Olymp des Reichtums gibt. Sie müssen die klassische Treppe nehmen – Stufe für Stufe. Das bedeutet, dass Sie sich anzustrengen haben, um Ihre finanziellen Ziele zu erreichen. So wie in einem Wörterbuch die Buchstaben gegliedert sind, so erreichen Sie Ihre Ziele ebenfalls durch das ABC des Erfolgs = Arbeit, Erfolg, Geld, Reichtum und last but not least Wohlstand. Diese

Reihenfolge müssen Sie einhalten. Eine Abkürzung gibt es nicht. Darüber hinaus müssen Sie sich Regeln unterwerfen, um u. a. Ihre monetären Ziele zu erreichen.

So haben Sie z. B. gelernt, dass Sie bei Rot nie über eine Straße gehen dürfen. Sie haben gelernt, dass Sie sich an einer heißen Herdplatte die Hände verbrühen können. Sie haben gelernt, dass Sie sich nicht ohne Schutz in die Mittagssonne legen dürfen. Somit haben Sie gelernt, dass es Ihnen um ein Vielfaches besser geht, wenn Sie diese und viele andere Lebensregeln beachten.

Mit Ihrem Erfolg verhält es sich genauso. Es gibt Regeln und wenn Sie diese einhalten, fühlen Sie sich einfach besser, weil Sie Ihre finanzielle Ziele sicher erreichen. Es liegt also an Ihnen und nicht an Ihrer Umwelt, ob Sie scheitern oder gewinnen. Die „Gescheiterten" aber sehen diesen Zusammenhang nicht. Sie haben tausend Ausreden, warum sie nicht reich geworden sind. Doch nicht eine einzige beziehen sie dabei auf sich. Aus ihrer Sicht sind es stets andere, die an ihrem Leid schuld sind. Sie suchten, um im Bild zu bleiben, nach der Rolltreppe und fanden doch nur die festverbaute Treppe. Die aber wollten sie aus Trägheit nicht besteigen. Deshalb entlädt sich ihre eigene Unfähigkeit über unflätige Worte, die sie über einen Autor oder ein System verbreiten.

Das ist wichtig für Sie zu wissen. Denn wenn Sie sich auf den Weg zum Reichtum machen, werden Sie leider häufig auf diese Menschen treffen, die mit ihren negativen Belehrungen nichts anderes im Sinn haben, als Sie von Ihren Zielen abzubringen. Natürlich stets aus gut gemeinten Gründen. Doch glauben Sie mir, ich kann die Aussage des irischen Dichters Oscar Wilde nur zu gut bestätigen: *„Die Anzahl unserer Neider bestätigt unsere Fähigkeiten."*

Zudem haben diese Neider ein völlig falsches Bild vom Reichtum. Der Titel dieses Buches „forever living rich" ist ein Versprechen. Mein Versprechen an Sie, dass Sie für immer reich werden leben können. Nicht mehr und nicht weniger. Was sollte ich Ihnen denn auch anderes versprechen? Die Begriffe „reich" und „Reichtum" sind weder statisch noch allgemeinverbindlich. Sie beschreiben lediglich einen Zustand und keinen Wert. Diesen Wert definieren Sie und niemand anders. Deshalb verspreche ich Ihnen zu keiner Zeit, dass Sie im Monat sechsstellig verdienen werden. Sie könnten es aber, wenn Sie denn wollten – doch darum geht es nicht. Ich kenne Sie nicht, und genau deshalb weiß ich nicht, wie Sie für sich „reich" definieren. Wenn Sie „forever living rich" leben wollen und heute z. B. 3.000 Euro netto verdienen, dann kann ein monatliches Zusatz-Einkommen von z. B. 1.000 Euro für Sie die Erfüllung sein. Wer hingegen 10.000 Euro im Monat verdient, will vielleicht denselben Betrag dazuverdienen, damit er sich reich fühlt. Zwei Menschen, zwei Seelen, zwei Ziele. So und nicht anders will ich meine Ausführungen verstanden wissen.

Ich zeige Ihnen einen Weg, wie Sie Ihre finanziellen Ziele erreichen können, und zwar unabhängig von Ihren individuellen Vorstellungen. Wenn Sie bereit sind, den „Preis" dafür zu bezahlen, werden Sie diese Ziele ohne Wenn und Aber erreichen können. Das ist mein Versprechen. Dafür steht dieses Buch. Den Preis, den Sie für Ihren Reichtum bezahlen müssen, zahlen Sie ganz allein, und zwar in Form Ihres Engagements. Je höher Ihre finanziellen Wünsche, desto mehr müssen

Sie dafür tun. Von nichts kommt nichts. Oder, wie eine Redensart sagt: „Jeder ist seines Glückes Schmied."

Doch so viel kann ich Ihnen an dieser Stelle versprechen: Mit diesem Ratgeber, den Sie jetzt in Ihren Händen halten, haben Sie bereits alles, was Sie für einen erfolgreichen Start in eine gewinnbringende Zukunft benötigen. Er wird Sie im wahrsten Sinne des Wortes beREICHern – in jeder Hinsicht.

Leser verschiedener Geschlechter mögen mir nachsehen, dass ich in diesem Buch aus Gründen der besseren Lesbarkeit ausschließlich männliche Substantivformen verwende. Ansonsten hat es keine Bedeutung.

Herzlichst
Ihr Rolf Kipp

Die Kraft der Gemeinschaft

Wenn Dinge nicht hinterfragt werden, werden sie häufig verklärt. Das gilt im Besonderen bei der Beobachtung und Wahrnehmung von Menschen mit außergewöhnlichen Fähigkeiten und/oder Leistungen. Oft neigen wir dazu, diese als angeborene Talente oder besondere Gene abzutun. Tatsächlich gibt es Bevölkerungsgruppen mit herausragenden Eigenschaften, die, so scheint es, ein Abonnement auf Erfolge zu haben scheinen, besonders bei sportlichen Disziplinen oder als selbstständige Unternehmer.

So ist z. B. Extrembergsteiger Reinhold Messner als erster Mensch auf das „Dach der Welt" geklettert, und zwar ohne Sauerstoffgerät. John Kelly von der Kelly Family hat bereits zehn Mal den Ironman absolviert und zehn Wüsten-Ultra-Läufe hinter sich. Diana Nyad hingegen zog es immer wieder ins Wasser. Sie schwamm als erster Mensch ohne Hai-Käfig von Havanna (Kuba) nach Key West (Florida). Am 2. September 2013 erreichte die damals 64-jährige Langstreckenschwimmerin nach 177 km und 53 Stunden im Wasser die US-Küste. Diese Strecke gehört zu den gefährlichsten Meeresengen der Welt[1]. Nicht nur Haie und giftige Quallen tummeln sich dort. Es sind die unberechenbaren Winde und Strömungen, die jedes noch so perfekte Vorhaben torpedieren können.

Keine Frage, wir haben es hier mit außergewöhnlichen Menschen zu tun. Man mag über ihre Motive trefflich streiten und diskutieren. Am Ende einer jeden Diskussion steht allerdings stets dieselbe Frage: Warum tun sie sich das an?

Darauf gibt es nur eine Antwort:

Weil sie es wollen!

Das ist auch der Grund, warum Ostafrikaner Marathon-Siege für sich gepachtet haben. In den Medien werden sie als kenianische Wunderläufer gefeiert. Tatsächlich werden alle Weltrekorde in den Laufdisziplinen von 100 m bis zum Marathon von Männern mit afrikanischen Wurzeln gehalten. Diese herausragenden Ergebnisse könnten den Schluss zulassen, dass ostafrikanische Marathonläufer ein Läufer-Gen in sich tragen. Dem ist nicht so, weil es ein solches Gen nicht gibt. Kipchoge Keino, einer der ersten kenianischen Goldmedaillengewinner und ein Volksheld im Land, erklärt den Grund für diese außergewöhnlichen Erfolge[2]: *„In Kenia trainieren wir nie allein. Wir laufen immer in Gruppen und feuern uns dabei gegenseitig an. So kann man sich viel von den Besten abschauen – und sie imitieren. Weil in Kenia unglaublich viele gute Läufer an den Marathons teilnehmen, beflügelt das enorm … Wer gewinnt, verdient Geld, und da die Konkurrenz groß ist, ist die Motivation unter den Läufern groß, ihr davonzulaufen.*“ Mit anderen Worten:

Gemeinschaft macht stark.

Das gilt nicht nur im Sport, sondern auch in der Wirtschaft, insbesondere im Network-Marketing – das für mich beste Geschäftsmodell der Welt. In diesem Modell ist das Gemeinschaftsgefühl so mächtig, dass es uns gelingt, immer mehr Menschen in ihre finanzielle Unabhängigkeit zu führen. Sie führen ein Leben, welches sie sich zuvor nie hatten erträumen können. Sie sehen, ich schreibe „können“ und nicht „wollen“. Wollen setzt Wissen voraus. Wenn ich von A nach B reisen will, dann habe ich die Wahl zwischen Fahrrad, Auto, Zug oder einem Flugzeug. Ich kann frei wählen, weil ich um die Möglichkeiten der modernen Fortbewegung weiß. Ich könnte nichts dergleichen wählen, wüsste ich nicht darum. Deshalb können sich viele Menschen ein besseres Leben nicht vorstellen, weil sie nicht um die Möglichkeiten wissen, die es heute gibt. Sie haben nie gelernt, dass jeder Mensch, so er denn will, finanziell frei sein kann. Also konzentrieren sie sich ihr ganzes Arbeitsleben auf einen „festen" wie „sicheren" Arbeitsplatz, stets verbunden mit der Hoffnung, eines Tages im Lotto das große Los zu ziehen.

Die Situation dieser Menschen ist vergleichbar mit einem Besuch in einem Zoo. Angenommen, wir beide würden ihnen jetzt folgen und dieses lebhafte Treiben der Zootiere vorfinden:

Bitte schauen Sie auf alle Tiere – nicht aber auf die Elefanten!

Mit an Sicherheit grenzender Wahrscheinlichkeit konnten Sie gar nicht anders, als genau auf diese Elefanten zu schauen. Trösten Sie sich. Das ist menschlich. Zum einen denkt der Mensch in Bildern und nicht in Worten. Das Gehirn hört zwar das Wort „nicht“, doch da es dafür kein Bild hat, wird es „überhört“. Somit mussten Sie einfach auf die Elefanten schauen. Zum anderen hat Ihr Verhalten mit Ihrem Wissensstand zu tun. Sie haben gelernt, wie ein Elefant aussieht. Dieses Bild davon haben Sie in Ihrem Gehirn auf Dauer abgespeichert. Sobald Sie den Begriff hören, suchen Sie instinktiv nach der äußeren Entsprechung. Deshalb konnten Ihre Augen sich gar nicht anders verhalten, als besagte Elefanten anzuschauen. Wiederholen wir diese Übung, verbunden mit der Bitte, nochmals alle Tiere anzuschauen, nicht aber den Phoenicopteridae. Eine leichte Übung. Denn im Gegensatz zu seiner natürlichen Erscheinung in Freiheit ist er auf dem Bild in direktem Vergleich zu den anderen Tieren recht groß.

Wenn Sie dieses Tier auf diesem Bild entdeckt haben, dann haben Sie auf den Flamingo getippt. Phoenicopteridae ist sein lateinischer Name. Auch hier dürfte ich mit meiner Meinung richtig liegen, wenn ich behaupte, dass Sie dieses Tier anhand seines lateinischen Namens nicht entdeckt haben, weil Sie nicht konnten (Ausnahmen bestätigen die Regel). Sie haben die deutsche Bezeichnung gelernt und dafür ein entsprechendes Bild abgespeichert, nicht die lateinische. Weil Ihnen das Wissen fehlte, konnten Sie gar nicht anders, als ratlos das Bild zu betrachten. Somit fehlte es Ihnen nicht am „Können“ (geschaut haben Sie ja), sondern am Wissen.

Genau darum geht es in diesem Ratgeber. Er möchte Sie mit Wissen versorgen, damit Sie ab sofort stets die richtigen Entscheidungen treffen können(!).

Wie erwähnt, hat Network-Marketing viele Menschen sehr reich gemacht, mich eingeschlossen. Wenn ich anderen davon berichte, schaue ich leider noch immer in viel zu viele ratlose, irritierte Gesichter. Mit Begriffen wie Einzelhandel, Online-Handel, Direktvertrieb oder Einkaufszentrum können sie etwas anfangen (weil sie dazu ein Bild gespeichert haben). Network-Marketing ist, um im Bild zu bleiben, für sie ein Phoenicopteridae. Das ist deshalb so überraschend, weil es dieses System, das auf Empfehlungsbasis arbeitet, seit 40 Jahren in Deutschland gibt. Es wird mit jedem Jahr erfolgreicher, wie die Zahl der Mitglieder zeigt:

Anzahl der Menschen im Direct Selling:

(Anzahl in Millionen – weltweit)

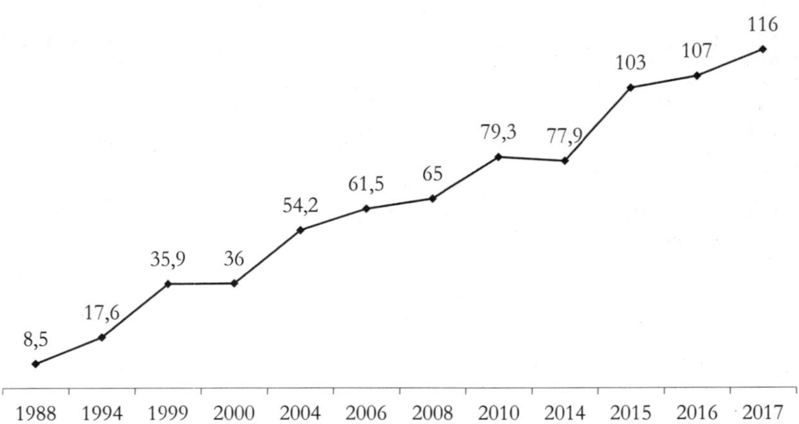

(Quelle: wfdsa.org; Stand: 2018)

In weniger als 30 Jahren hat sich die Zahl der hier Aktiven fast vervierzehnfacht. Das für sich genommen ist schon ein großartiges Ergebnis. Im direkten Vergleich mit anderen Branchen, die eher Arbeitsplätze abbauen, schlägt sie fast alle Rekorde. Hätten Sie es gewusst, oder fehlt Ihnen bis heute das Wissen darüber, sodass Sie bis jetzt keine Chance hatten, sich an diesem System zu beteiligen? Dann ist es gut, dass Sie zu diesem Ratgeber gegriffen haben. Getreu meinem Motto:

Diesen Ratgeber zu erwerben, kostet Sie ein paar Euro –
es nicht zu tun, kostet Sie ein Vermögen!

Einfach, weil Sie durch Unwissenheit zum einen sehr viel Geld verlieren und zum anderen sich Ihrer Möglichkeiten berauben.

Dieser Ratgeber zeigt Ihnen Schritt für Schritt, auf was Sie sich – natürlich im positiven Sinne – einlassen werden. Gerade mit Blick auf die Herausforderungen unserer Zeit ist es mir wichtig, Menschen eine Zukunft zu bieten, in der sie frei, selbstbestimmt und vor allen Dingen sorgenfrei leben können. Dafür steht Network-Marketing und – in aller Bescheidenheit – meine Erfahrung aus 25 Jahren Tätigkeit. Daran können Sie anknüpfen und sehr viel schneller an die Spitze kommen, weil Sie durch mein vermitteltes Wissen typische Anfängerfehler erst gar nicht machen werden.

Finanzielle Unabhängigkeit wie Sicherheit sind mit Network-Marketing am einfachsten und schnellsten möglich, weil es Sie nicht auffordert, alles hinter sich zu lassen, um neu durchzustarten. Ein solcher Schritt wäre verantwortungslos und riskant. Network-Marketing lässt sich ganz bequem in Ihren Alltag einbauen. Es spielt keine Rolle, woher Sie kommen, wie es um Ihre Schul- und Ausbildung bestellt ist, über welchen beruflichen Werdegang Sie verfügen, wie Ihre derzeitige Arbeitssituation ausschaut und vieles andere mehr. Dieses System kennt keine Frauenquote, keinen Einkommensunterschied zwischen den Geschlechtern, keinen falschen oder richtigen Einstiegs-Zeitpunkt. Es ist damit das fairste überhaupt. Network-Marketing belohnt die, die sich engagieren. Es gibt keine Limits. Sie bestimmen durch Ihren Einsatz Ihr Einkommen. Sie können damit Millionen verdienen oder nur 1.000 Euro im Monat, weil Sie sich mit 1.000 Euro zufriedengeben. Angesichts steigender Wohnungsmieten und Energiepreise wäre so manche Haushaltskasse froh um diesen zusätzlichen Betrag. Niemand hindert Sie daran, Ihr Einkommen in jedweder Höhe zu definieren. Sie allein bestimmen, und zwar risikolos. Sie müssen keine Investition tätigen, so wie es bei Unternehmensgründungen häufig der Fall ist. Sie sind „Ihr Chef", haben keine Vorgesetzten und müssen niemandem Rechenschaft ablegen. Sie haben alle Zeit der Welt, dieses System Schritt für Schritt risikolos kennenzulernen. Doch vergessen sollten Sie darüber nicht das bewährte Sprichwort „Zeit ist Geld". Je eher Sie sich in dieses System einschreiben, desto schneller können Sie ins Verdienen kommen.

Den ersten Schritt haben Sie bereits erfolgreich hinter sich. Sie haben sich entschieden, zu diesem Ratgeber zu greifen, um mehr über dieses einzigartige System zu erfahren. Eine sehr gute wie richtige Entscheidung. Ich weiß, wie kostbar Ihre Lebenszeit ist. Deshalb habe ich mich entschieden, nach so langer Zeit und als Multi-Millionär mein Wissen weiterzugeben, damit Sie sofort erfolgreich starten können –

so Sie denn wollen. Deshalb habe ich mich bewusst auf die wichtigsten Fakten konzentriert und diese kompakt zusammengefasst. Doch keine Sorge. Wer mehr Hintergrundwissen will, kommt auch auf seine Kosten. Ein weiteres Buch ist derzeit in Arbeit. Es ist mein „Opus Magnum“, welches Sie noch tiefer in dieses interessante System eintauchen lässt.

ErfolgREICH sein

Kein unglücklicher Mensch wird durch Geld glücklicher. Doch weint es sich in einem 5-Sterne-Hotel angenehmer als unter einer Autobahnbrücke. Man könnte über diese Aussage lachen, stünde dahinter nicht die Wahrheit. Fakt ist, dass über 75 Prozent der heute 35- bis 50-jährigen Frauen von Altersarmut betroffen sein werden. Mit anderen Worten: Ihre Rente wird sehr gering ausfallen. Das betrifft nicht nur Frauen, die derzeit wenig verdienen, sondern auch die aus der sogenannten Mittelschicht. Zudem werden drei von vier Frauen im Laufe ihres Lebens auf Pflege angewiesen sein (bei den Männern ist es jeder zweite). Auch das kostet sehr viel Geld. Deshalb ist es an der Zeit, sich über Geld Gedanken zu machen. Damit übernehmen Sie für sich finanzielle Verantwortung. Darauf dürfen Sie stolz sein, auch wenn Sprichwörter dem Geld häufig etwas Schlechtes unterstellen wie z. B. „Geld verdirbt den Charakter“. Das trifft nicht zu, denn das hieße ja, dass arme Menschen einen besseren Charakter hätten als reiche. Wer nicht weiß, wie er über die Runden kommt, neigt meiner Meinung nach viel eher zu Lügen und kleinen Betrügereien, um seine „eigene Haut“ zu retten.

Ich habe die Erfahrung gemacht, dass Geld den Charakter verstärkt. Ein übler Zeitgenosse wird durch mehr Geld noch übler. Ein freundlicher, angenehmer Mensch wird noch sympathischer, wenn er über mehr Geld verfügt als bisher.

Hinterfragen Sie einmal, warum weder der Staat noch die Banken und schon gar nicht die Versicherungsgesellschaften ein Interesse daran haben, Bürger in Sachen Geld aufzuklären. Täten sie dieses, dann hätten sie es mit „schlauen“ Anlegern zu tun, und das ist schlecht fürs Geschäft. Unwissende müssen glauben, was ihnen erzählt wird. Deshalb sind sie leicht zu manipulieren. Weil ihnen das Wissen fehlt, unterschreiben sie Verträge, die vor allem die Anbieter reich machen. So wird z. B. von Beratern, die insbesondere Lebensversicherungen verkaufen wollen, erzählt, dass diese sicher seien – Aktien hingegen nicht. Aktien seien hochspekulativ, heißt es oft. Diese Aussage ist falsch. Millionen von Menschen arbeiten bei Aktiengesellschaften und verdienen gutes Geld. Da vertrauen sie ihren Arbeitgebern. Wenn sie aber Aktien von ihrem Arbeitgeber kaufen sollen, ist das hochspekulativ. Natürlich nicht! Schauen wir doch hierzu einfach mal den Verlauf des US-amerikanischen Aktienindexes an. Trotz aller Krisen ging es im Dow-Jones-Index langfristig stets nach oben:

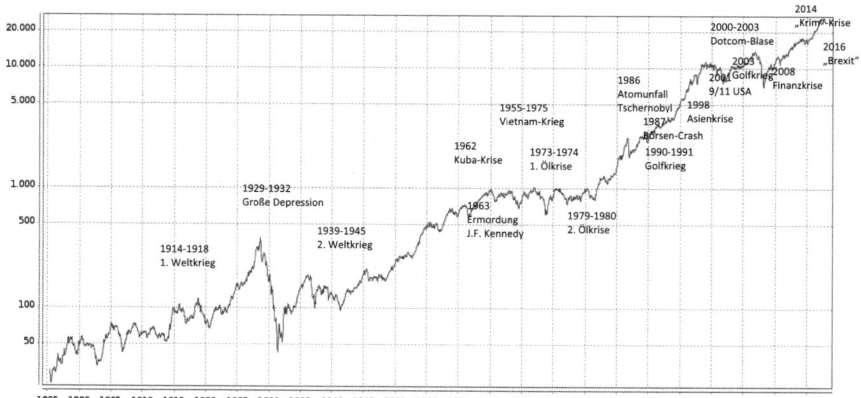

Im Mai 1896 ging dieser Index das erste Mal an den Start, und zwar mit 40,94 Punkten[3]. Trotz aller Probleme notierte der Kurs im ersten

Quartal 2019 bei über 25.000 Punkten. Das entspricht einer Gewinnentwicklung von 61.000 Prozent. Wohlgemerkt: Gewinn und nicht Verlust. Wäre die Welt so schlecht, wie uns jeden Tag eingetrichtert wird, dann hätte dieser Index kaum um über 60.000 Prozent zulegen können. Doch Millionen legen ihr Geld stattdessen auf „sichere Sparbücher". So kann man sich natürlich auch um seine Erfolge bringen.

Wie erwähnt: Jeder ist bekanntlich seines Glückes Schmied.

Ihre Einstellung zu Ihrem Leben und Ihr Verhalten entscheiden, wohin Ihre Reise geht. Ihr Reichtum ist genauso ein Produkt Ihrer Gedanken wie eine mögliche Armut. Deshalb gibt es aus meiner Sicht keinen Misserfolg im Leben. Ihr Leben ist immer ein Erfolg – die Frage ist nur, ob das damit verbundene Ergebnis in Ihrem Sinne ist. Das Wörterbuch „Duden" erklärt Erfolg so: *„Eintreten einer beabsichtigten, erstrebten Wirkung."* Erreicht jemand seine finanziellen Ziele, dann ist er genauso erfolgreich wie ein Mensch, der davon überzeugt ist, arm zu bleiben. Sein negatives Denken wird ihm diese Armut bescheren. Das mag nicht im Sinne des Denkers sein, doch sein Denken war erfolgreich. Er hat genau das bekommen, wovon er überzeugt ist.

Sie allein entscheiden über die Qualität Ihrer Erfolge.

Sie können so leben:

oder so:

Sie können einen solchen Sportwagen fahren:

oder einen kompakten Kleinwagen:

Sie können hier liegen:

oder hier:

Als „Unternehmer“ (im Sinne von tun, etwas unternehmen) ist Ihr Arbeitsplatz „überall“:

Die Unterlasser (im Sinne von „klammern“, „nicht loslassen können“ und „alles unterlassen, was Erfolg verspricht“) genießen diesen Arbeitsplatz:

Oder in der Fabrik bei Mindestlohn:

Der aber wird nicht ausreichen, um im Alter sorgenfrei leben zu können. Da gilt es, den Cent zweimal umzudrehen, bevor er ausgegeben wird:

Doch wie heißt es so schön? Vereint sind auch die Schwachen mächtig. Im Network-Marketing treffen sich Gleichgesinnte:

Wenn Sie die Wahl hätten, für welches Leben würden Sie sich entscheiden?

Mit an Sicherheit grenzender Wahrscheinlichkeit werden Sie das besondere Leben, das offensichtlich nur einer kleinen Gruppe vorbehalten ist, vorziehen. Das bedeutet nicht, dass die Masse, der es bedeutend schlechter geht als der Elite, ein Leben im Elend fristet. Nur weil jemand keinen Sportwagen, keine Yacht und keine Villa besitzt, muss er nicht unglücklich sein. Eigentum kann einen Menschen auch besitzen, d. h. abhängig machen. Tatsächlich aber lebt es sich leichter mit als ohne Geld. Darüber hinaus steht ein hohes Einkommen für eine positive Lebenseinstellung. Zum einen lieben reiche Menschen das, was sie tun. Zum anderen leben sie selbst- und nicht fremdbestimmt.

Sie halten die Macht über ihr Leben in eigenen Händen. Damit stehen sie nie „ohnmächtig" (im Sinne von „ohne Macht") vor den Herausforderungen des Lebens. Sie nehmen diese an, um daraus für sich das Beste herauszuholen.

Für die erfolgreichen Persönlichkeiten dieser Welt gibt es keine „harte Arbeit". Ihre „Arbeit" ist ihr Hobby. Ihnen macht ihre Arbeit Spaß. Mit dieser Einstellung haben sie es bis an die Spitze in der Gesellschaft geschafft. Ihre Leistung ist deshalb so bemerkenswert, weil die meisten Reichen nicht mit dem sprichwörtlich goldenen Löffel geboren wurden. Ihr Erfolg basiert auf einer Fähigkeit, die in uns allen steckt, aber unterschiedlich genutzt wird. Es ist der Wille, der sie zu dem gemacht hat, wofür sie heute bewundert werden. Sie gestalten ihren Alltag so, wie sie es wollen, und nicht, wie es andere verlangen.

Von diesen Menschen gibt es immer mehr auf der Welt, weil es ihnen wichtig ist, die Jahre, die sie auf diesem Planeten verbringen werden, nach ihren eigenen Wünschen zu leben. Zeit ist ihr wertvollstes Gut. Deshalb fokussieren sie sich stets auf das, was sie wollen. Sie denken in Lösungen und vermeiden Probleme. Sie sind die „wahren" Unternehmer – also Menschen, die als Macher etwas unternehmen. Damit es ihnen und am Ende auch der Welt ein bisschen besser geht. Demgegenüber stehen die Unterlasser. Menschen, die ihr Leben in der Komfortzone verbringen und alles unterlassen, um zu wachsen und zu reifen. Veränderungen finden immer außerhalb der Komfortzone statt – in der Wachstumszone. Deshalb ist der Wechsel dorthin so wichtig für die, die ihr Leben nicht im Hamsterrad verbringen wollen.

Zu welcher Gruppe gehören Sie: Unternehmer oder Unterlasser?

Mit der folgenden Übung lässt sich diese Frage beantworten. Bitte schauen Sie sich die nächste Seite an und antworten Sie innerhalb von drei Sekunden, was Sie entdeckt haben.

Haben Sie eine schwarze Klapperschlange gesehen? Oder haben Sie etwas anderes wahrgenommen? In diesem Fall sind Sie ein echter Unternehmer. Denn statt sich auf die kleine Schlange zu konzentrieren, haben Sie die weitaus größere weiße Fläche des Papiers wahrgenommen. Das nicht Bedruckte nimmt doch einen viel größeren Raum ein als die kleine Schlange.

Es ist wichtig, dass Sie diesen kleinen Unterschied erkennen: Schlange oder Papierfläche? Erfolglose Menschen neigen dazu, nur das Offensichtliche wahrzunehmen und damit nicht zu hinterfragen, ob es auch andere Möglichkeiten gibt. Das sind die Menschen, die aus einer Mücke einen Elefanten machen. Sie räumen einer kleinen Mücke mehr Aufmerksamkeit ein als dem Elefanten. Dabei ließe sich mit ihm viel mehr erreichen als mit einer kurzlebigen Mücke. Durch dieses Denken fließt die Energie in die völlig falsche Richtung. Diese Menschen laufen, im übertragenen Sinne, am Leben vorbei. Ihr Fokus ist somit auf etwas Störendes, Problematisches gerichtet und nicht auf das große Ganze. Natürlich ist diese Übung nur eine Metapher und kein empirisches Ergebnis, mit dem Sie bis ans Ende Ihrer Tage leben müssen. Es zeigt nur, wie es um Ihre Fokussierung bestellt ist. Diese können Sie zu jeder Zeit verändern.

Für Ihren Erfolg ist es wichtig, den Fokus immer auf Lösungen auszurichten und nicht auf die Probleme. Schärfen Sie Ihren Blick für das Mögliche und vermeiden Sie die Fokussierung auf Probleme, die dadurch noch viel größer werden. Das heißt nicht, diese zu negieren. Probleme lösen sich häufig nicht von allein. Es geht um Ihre Einstellung. Sie können sie beachten und lösen. Sie können ihnen aber auch Macht geben. Damit laufen Sie Gefahr, sich von Problemen derart einnehmen zu lassen, dass Lösungen schwieriger werden. In jedem Fall muss jedes Problem gelöst werden. Sonst wird es größer und damit gefährlicher. Ungelöste Probleme gleichen einem Schneeball, der den Berghang herunterkullert. Im Tal angekommen ist daraus eine riesige Kugel geworden.

Sie dürfen sich niemals von Problemen herunterziehen lassen. Sehen Sie in ihnen Herausforderungen und damit eine Art Aufgabe, die Sie lösen müssen. Damit behalten Sie die Macht über Ihr Leben. Nur so werden Sie an Ihrem Lebensende sagen können:

- Ich habe mein Leben gelebt.
- Ich habe so gelebt, wie ich es wollte.
- Ich habe getan, was ich tun wollte.

Wie wichtig dieses ist, beschreibt die australische Palliativpflegerin Bronnie Ware. In ihrer Funktion hat sie sehr viele Menschen am Sterbebett bis zum Tod begleitet. Über diese Momente und ihre Erfahrungen schrieb sie ein Buch[4]. Darin ging sie der Frage nach, was Menschen bereuten, wenn das Leben zu Ende ging. Die Sterbenden sagten als Erstes: *„Ich wünschte, ich hätte den Mut gehabt, mein eigenes Leben zu leben.“* Ich bin mir sicher, dass viele meiner Leser jetzt ins Grübeln kommen, weil sie sich ertappt fühlen. Sie bewegen sich jeden Tag im Hamsterrad und haben nicht den Mut, es zu verlassen, um ein Leben nach eigenen Vorstellungen zu führen. Sie lassen sich derart vom Alltag gefangen nehmen, dass sie keine Chance haben, diesen zu genießen. Mit zunehmendem Alter erkennen sie zudem ihre Unfähigkeit, ihre Situation zu verändern. Angst macht sich breit, das Beste zu verpassen. Mit jedem morgendlichen Blick in den Spiegel verstärkt sich diese Angst, da die Falten eine deutliche Sprache sprechen. Diese Menschen leben falsch. Sie hoffen, ihrem Leben noch mehr Jahre geben zu können. Ob´s gelingt, wissen sie nie. Ich für meinen Teil habe es vorgezogen, den Jahren mehr Leben zu geben. Das erfordert mehr eine klare Entscheidung als Mut.

Wie mutig sind Sie, jetzt in Richtung selbstbestimmtes Leben zu gehen?

Diese Frage lässt sich leicht beantworten. Mit Blick auf das Thema dieses Buches frage ich Sie: Wollen Sie jeden Monat „sicher" 3.000 Euro verdienen oder lieber „unsicher" 15.000 Euro? Als Unterlasser arbeiten Sie für gewöhnlich für ein Festgehalt, das Ihnen monatlich (sicher) ausgezahlt wird. Wenn Sie hingegen auf ein Festgehalt verzichten, um andere Möglichkeiten zu nutzen, dann können Sie monatlich 15.000 Euro und mehr verdienen. Sie können aber auch Zeiten dazwischen haben, in denen Sie deutlich weniger verdienen. Doch wenn Sie einen guten Job machen, dann werden Sie mit dieser „Unsicherheit" immer noch mehr verdienen als die 3.000 Euro aus dem „sicheren" Job. Das steht für mich außer Frage. Ich frage mich nur, ob Sie es aushalten können. In diesem Fall sind Sie ein echter Unternehmer, der um seine Talente und Fähigkeiten weiß.

Veränderungen sind nur möglich, wenn Sie sich ändern!

Wünschen ohne Handlungen führt zu gar nichts. Das Gegenteil ist eher der Fall. Je mehr Wünsche unerfüllt bleiben, desto unzufriedener und sogar wütender wird man im Leben, weil man sich so hilflos fühlt.

Man möchte etwas verändern, doch fehlt es an Mut, es zu tun. Dabei ist es an der Zeit, es jetzt zu tun.

Wer die Biografien von Steve Jobs (Apple), Jeff Bezos (Amazon), Ray Kroc (McDonald´s), Arnold Schwarzenegger oder Richard Branson kennt, der weiß, dass diesen Menschen nichts geschenkt wurde. Sie wurden erfolgreich, weil sie es wollten. Dabei waren Rückschläge nur Dellen auf der Straße zu ihrem Erfolg. Sie handelten so, wie es einst Goethe schrieb: *„Das Wort «ich will» ist mächtig. Sagts einer leis und still, die Sterne reisst´s vom Himmel, das kleine Wort «ich will».“*

Erfolge im Leben haben ihre Ursachen nicht durch „richtige bzw. andere“ Gene. Auch wird es nach dem heutigen Wissensstand nicht möglich sein, durch eine Art Gen-Doping außergewöhnliche Menschen zu „erzeugen“. Erfolg ist nicht angeboren, sondern zum einen das Ergebnis aus einem Zusammenspiel Tausender Genvarianten (das menschliche Genom besteht aus mehr als drei Milliarden Basenpaaren). Zum anderen muss er erkämpft (Sport) oder erarbeitet (Beruf) werden. Dazu kommen Training, Ausdauer, Geduld, Mentalität (Umgang mit Niederlagen), soziale Unterstützung und der unabdingbare Wille zum Sieg. Womit sich eine Redensart eindrucksvoll bestätigt:

„Nicht das Herz oder die Lunge, der Kopf ist das limitierende Organ!“

Veränderungen (er)leben

Für erfolgreiche Menschen ist die Sache eindeutig. Man muss ein klares Ziel vor Augen haben und darf nie aufgeben. Was aber, wenn der Körper nicht mehr mitspielt? Jeder Ausdauersportler kennt ihn doch, diesen einen verdammten Moment. Es ist der Augenblick, in dem man alles gibt und das Gehirn sich meldet: „Du kannst nicht mehr. Stopp! Hör auf!“ Genau das möchte man tun, um endlich die Schmerzen im Rücken, die verkrampften Muskeln in den Beinen und diesen unerträglichen Durst loszuwerden. Wie Blitze durchzucken zudem Krämpfe den Körper. Man muss doch nur noch stehenbleiben, um die Qualen zu beenden. Einfach die Hand heben, und das Rennen (der Kampf, das Spiel etc.) ist vorbei. Damit ist natürlich ein gewollter Sieg passé. In diesen wenigen Sekunden entscheidet sich, wer den immerwährenden Kampf, der in unserem Kopf herumtobt, gewinnt. Es scheint, als seien dunkle Kräfte am Werk, um uns zu besiegen. Von bösen Dämonen ist die Rede, die unser Vorhaben torpedieren, wann immer sie es können. Allein diese Formulierungen belegen, dass es selten bis gar nicht der Körper ist, der in extremen Situationen aufgibt, sondern die Psyche. Sie kann aufgeben oder weitermachen. Wilhelm Freiherr von Humboldt (1767-1835) formulierte es wie folgt: *„Es ist unglaublich, wie viel Kraft die Seele dem Körper zu verleihen vermag.“*

Aufgeben oder weitermachen? Anfangen oder liegenbleiben? Neugierde entwickeln oder weiterhin Langeweile?

Obwohl uns die Antwort schon klar ist, stellen wir uns täglich diese und viele andere Fragen. „Zwischen 30 und 50 Prozent unseres täglichen Handelns werden durch Gewohnheiten bestimmt“, fand Prof.

Dr. Bas Verplanken (University of Bath) heraus[5]. Wie schwer es ist, mit diesen zu brechen, können Sie selbst ausprobieren. Verschränken Sie bitte jetzt Ihre Arme.

Mit meiner Aufforderung dürften Sie Ihre Arme verschränkt haben, wie Sie es aus Gewohnheit tun. Deshalb meine Bitte: Verschränken Sie jetzt noch einmal Ihre Arme in umgekehrter Richtung (auf dem Bild hat die Dame den heraldisch[1] linken Arm auf den rechten gelegt. Sie müsste jetzt den heraldisch rechten Arm auf den linken legen). Sie werden spüren, dass das alles andere als einfach ist. Dabei handelt es sich nur um ein körperliches Verhalten. Gedanken zu verändern, ist um ein Vielfaches schwerer. Insbesondere dann, wenn das Gehirn sich mit Einlassungen beschäftigen muss, die es für abwegig hält. Da

[1] Heraldisch rechts ist die vom Betrachter aus linke Seite. Diese Seitenbezeichnung bezieht sich immer auf den Menschen im Bild und nicht auf den Betrachter. So werden Missverständnisse vermieden.

ist dann die Gefahr groß, dass es diese neuen Informationen gar nicht ernst nimmt und sogar ins Lächerliche zieht. Ich habe lange überlegt, wie ich Ihnen ein solches Verhalten beschreiben kann. Denn ich muss ja Ihr Gehirn „überlisten", damit Sie mir glauben. Auch wenn die Masse der Menschen derzeit das Gefühl hat, alles sei „im grünen Bereich", so sehe ich es anders. Dabei möchte ich keine Ängste schüren, sondern nur das Bewusstsein schärfen. In solchen Momenten fühle ich mich oft als Spielverderber und Spaßbremse. Dabei bin ich von Haus aus Optimist. Ein realer, wie ich ergänzen möchte. Ich setze mir keine rosarote Brille auf. Ich schaue mir die Welt an, doch lasse ich mir von keinem Ereignis meine Lebensfreude nehmen. Das dürfen Sie auch nicht. Selbst dann nicht, wenn Sie die nächsten Zeilen lesen. Diese fühlen sich vielleicht so an, als käme ich mit dem erhobenen Zeigefinger zu einer Gartenparty, um die Gäste aufzufordern, sich in Sicherheit zu bringen, da ein Tornado aufzieht.

Wenn die Sonne scheint, die Vögel zwitschern und ein laues Lüftchen weht, will sich einfach niemand vorstellen, dass es binnen Minuten auch anders kommen könnte. Ich dagegen habe den Tornado schon sehen kommen und seine Richtung bestimmt, sodass ich sehr gut weiß, was bald passieren wird.

Doch wem es an Wissen fehlt, der muss glauben, was gesagt wird. Das kann böse Folgen haben. Im Falle eines Tornados gleicht der einst so schöne Garten einer Trümmerlandschaft, sobald er sich verzogen hat.

Mit Blick auf Ihre berufliche Situation stehen wir vor ähnlich großen Veränderungen. Es ist nicht mehr die Frage, ob es dazu kommen wird, sondern nur wann. Ich kann Sie gut verstehen, wenn Ihr Gehirn nicht folgen will. Doch Ihr Gehirn kennt die Wahrheit nicht! Es ist an Ihnen, es mit den richtigen ZDFs zu versorgen: Zahlen, Daten, Fakten!

Einmal angenommen, Sie benötigen in unregelmäßigen Abständen für verschiedene Aufgaben technische Unterstützung. Würden Sie sich diese Geräte dafür eigens kaufen?

- Telefon und Fax
- Radio
- Computer
- Taschenrechner
- Diktiergerät
- Foto-Kamera
- Uhr und Kalender
- Taschenlampe
- EC-Kartenleser
- Navi
- Briefpapier
- Notizbuch
- Internet-Zugang
- Wasserwaage
- Musikplayer
- Videokamera
- E-Mail

Bis zum Jahr 2007 hätten Sie noch jedes dieser Geräte einzeln kaufen müssen. Das hätte Sie eine Menge Geld gekostet. Seit 2008 ist damit mehr oder weniger Schluss. Dem Smartphone, von dem innerhalb eines Jahrzehnts mehr als drei Milliarden Stück weltweit genutzt werden, sei Dank. Heute sind die in der erwähnten Liste aufgeführten

Dinge Teil eines durchschnittlichen Smartphones, das in jede Hosentasche passt. Wer hätte das je gedacht? So praktisch dieses Gerät ist, so sehr zeigt es uns, wozu es außerdem imstande ist. Es zerstört ganze Industrien. Menschen, die hier einst beschäftigt waren, sind heute überwiegend arbeitslos. Dabei trifft es selbst einstige Marktführer wie Nokia, Kodak, Nordmende, AEG, Grundig. Man braucht die von ihnen einst in Serie hergestellten Geräte nicht mehr. Eine derartige Talfahrt in Sachen Produkte hat es in der Menschheitsgeschichte noch nicht gegeben. Dabei stehen wir erst am Anfang.

Forscher gehen davon aus, dass die Menschwerdung vor etwa fünf bis acht Millionen Jahren in Afrika begann. Stammesgeschichtlich hat sich nach Meinung der Wissenschaftler der Mensch vor etwa zwei Millionen Jahren entwickelt. Übertragen wir diese Erkenntnis auf einen Zeitstrahl, dann wird deutlich, in welcher schnelllebigen Welt wir heute leben. Das lässt sich auch an Zahlen ablesen. Von den 900 Berufen der Nachkriegszeit ist nur noch ein Drittel geblieben, rund 345[6]. Natürlich sind neue entstanden, und es werden weitere dazukommen. Prof. Dr. Richard David Precht geht davon aus, dass es heute über 60 Prozent der künftigen Berufe noch nicht gibt[7]. Mit Blick auf die Digitalisierung teile ich seine Sicht. Das Problem ist allerdings, dass es sich bei diesen Berufen um hochkomplexe wie spezielle handelt, die nur von ausgewiesenen Experten ausgeübt werden können. Doch nicht jeder verfügt über die Fähigkeit, sich dieses Wissen anzueignen. Darüber hinaus entstehen weniger neue Berufe, als alte wegfallen. Was also werden die Menschen machen, die heute noch in Lohn und Brot stehen, wenn es für sie keinen Job mehr gibt?

Das erste Mal seit der Industrialisierung erleben wir, dass eine „neue Revolution“ keinen neuen Wohlstand schaffen wird. Er wird nur neu verteilt. So sind z. B. die einst größten Versandhändler Neckermann AG und Quelle AG vom Markt verschwunden. Heute kaufen die Menschen bei Amazon. Ein Unternehmen, das erst seit 1996 am Markt ist. Gestartet ist es als Buchversender. Heute ist es das größte digitale Warenhaus der Welt – in nur 20 Jahren.

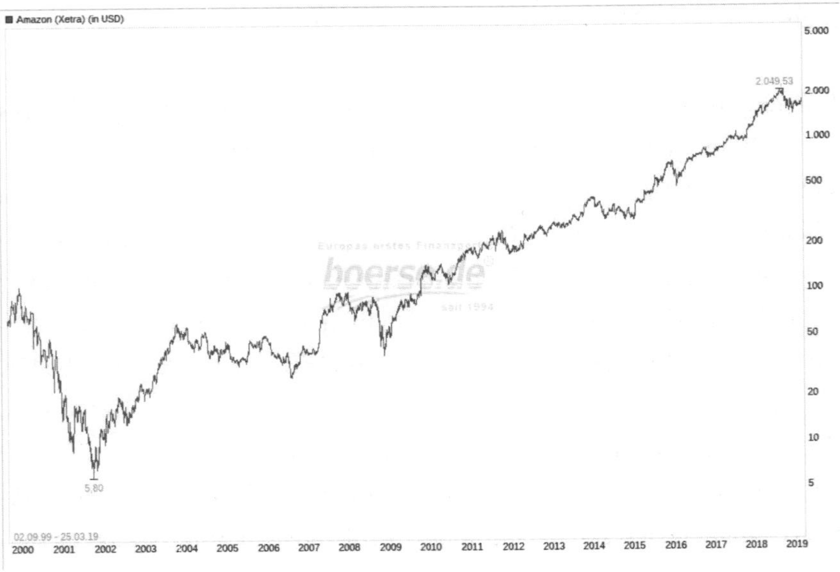

Wer damals nur 2.000 US-Dollar in Amazon-Aktien investiert hat, ist heute Millionär. Dieser Vergleich ist mir wichtig, will ich doch den Finger in die Wunde legen. Ich will Sie wachrütteln, damit Sie erkennen, dass die Vergangenheit tot ist. Es ist gefährlich, sich an sie zu klammern. Am 16. Mai 1997 war das Unternehmen aus Seattle an die Börse gegangen, zu je 18 Dollar je Aktie. Nach Berechnungen des

Finanzportals „The Street“ lag der Ausgabepreis bereinigt um drei Aktiensplits bei nur 1,96 Dollar[2]. Im Mai 2019 notierte die Aktie bei rund 1.900 US-Dollar. In derselben Zeit gingen die Zinsen für festverzinsliche Wertpapiere in Deutschland von 11,4 Prozent auf null.

Angesichts dieser Entwicklung sollte man meinen, die Anleger seien klüger geworden. Das Gegenteil ist der Fall. Sie „horten“ fünf Billionen Euro auf Sparkonten und haben „nur“ 395 Milliarden Euro in Aktien investiert.

[2] Ich mag diese Art von Vergleichen eigentlich nicht. Im Nachhinein sich hinzustellen und Empfehlungen auszusprechen, was alles hätte sein können, wenn man dieses oder jenes vor x Jahren getan hätte, ist unseriös. Es gehört immer Mut dazu, sich gegen den Mainstream zu stellen und finanzielle Entscheidungen zu treffen. So war 1997 Amazon alles andere als ein Big-Player. Er war ein kleiner digitaler Buchhändler. Es gehörte viel Mut dazu, 2.000 US-Dollar in dieses junge Start-up-Unternehmen zu investieren. Dass ich dennoch auf ein solches Beispiel zurückgreife, hat etwas mit Bewusstmachung zu tun. Ich möchte, dass Sie erkennen, warum wir ein neues Denken brauchen. Darüber hinaus will ich mit meinen Ausführungen zeigen, dass es keine Sicherheiten mehr gibt. Hätte ein Arbeitnehmer sich vor 20 Jahren für Amazon oder Quelle & Co. entscheiden müssen, er hätte sich mit an Sicherheit grenzender Wahrscheinlichkeit für Quelle & Co. entschieden, einfach aufgrund der Tradition und der Marktposition. Das aber bedeutet inzwischen gar nichts mehr. Sicherheit im Namen alteingesessener Unternehmer gibt es nicht mehr.

Das zeigt, mit welcher Dynamik wir es zu tun haben und noch zu tun bekommen werden. Wer hätte es je für denkbar gehalten, ein Auto für 100.000 Euro und mehr übers Internet zu bestellen? Tesla macht es möglich. Bisher gingen Konsumenten in die riesigen Verkaufshallen örtlicher Autohäuser, um sich beraten zu lassen. Heute stellen Käufer ihr Wunschmodell im Internet zusammen und warten auf den Tag der Auslieferung. Gleiches gilt für Waschmaschinen, Trockner, Herde etc. pp. Beratung? Wofür? Im Internet wird sich informiert und dann dort bestellt, wo es am billigsten ist. Dadurch mussten viele Tausend Einzelhändler in den letzten Jahren ihre lokalen Geschäfte schließen. Die Kosten für Personal, Miete und Lager waren einfach zu hoch. Zudem bekommen sie aufgrund des geringeren Bestellvolumens deutlich schlechtere Konditionen von den Herstellern als z. B. Amazon.

Jede bisherige Revolution seit Erfindung der Dampfmaschine verbesserte den Wohlstand durch neu geschaffene Arbeitsplätze. Nun aber steuern wir auf eine Arbeitswelt zu, die in Zukunft deutlich weniger Menschen benötigt, als heute noch beschäftigt sind. Zum einen durch die Künstliche Intelligenz (Industrie 4.0), zum anderen durch Austausch bisheriger Produkte. So hat z. B. heute ein komplexer Verbrennungsmotor, nach aktueller Euronorm, rund 2.500 Bauteile, die entwickelt, gefertigt und montiert werden müssen. Ein Elektromotor besteht dazu im Gegensatz lediglich aus rund 250 Teilen[8]. Wenn, vereinfacht, die Auto-Hersteller 2.250 Teile nicht mehr benötigen, braucht es auch keine Mitarbeiter mehr, die diese Teile weiter herstellen. Der Markt bestimmt die Nachfrage. Geht diese zurück, dann hat das unmittelbar Folgen für die Arbeitsplätze. Deshalb teile ich auch die Sicht der Oxford University. In einer Studie kommen die Wissenschaftler zu dem Ergebnis, dass in den kommenden 20 Jahren in den USA fast die Hälfte der Arbeitsplätze durch Automatisierung, Künstliche Intelligenz und Digitalisierung wegfallen werden[9]. Zu ähnlichen Ergebnissen für Deutschland kommt eine Studie der London School of Economics. Danach sollen bis zu 700 Berufsgruppen von dieser Entwicklung betroffen sein.

Ob Ihre dazu gehört, können Sie mit einer einfachen Frage beantworten:

„Kann meine Tätigkeit durch eine Maschine ersetzt werden?"

In diesem Fall laufen Sie Gefahr, Ihren Job eines Tages zu verlieren. Denn überall dort, wo Roboter und andere Geräte eingesetzt werden können, werden keine Menschen benötigt. Das ist leider so sicher, wie auf den Tag die Nacht folgt. Roboter arbeiten 24 Stunden am Tag, sieben Tage in der Woche, 365 Tage im Jahr. Sie werden nicht krank, brauchen keinen Urlaub und gehören keiner Gewerkschaft oder Berufsgenossenschaft an. Sie arbeiten ohne Lohn, weshalb sich ihre Anschaffungskosten schnell amortisieren. Die laufenden Betriebs- und Wartungskosten fallen zudem deutlich geringer aus als ein Monatsgehalt. Deshalb kommen die Unternehmen gar nicht umhin, dieser modernen Entwicklung zu folgen. Würden sie sich dieser versagen, würden sie die Existenz des Unternehmens und damit alle Arbeitsplätze gefährden. Also müssen „ein paar" gehen, um das große Ganze zu stabilisieren. Deshalb will VW „nur" 23.000 Stellen abbauen. BMW nur 8.000.

Doch wie sicher sind am Ende die anderen Arbeitsplätze?

So endete z. B. am 21. Dezember 2018 die 250-jährige Ära des Steinkohlenbergbaus im Ruhrgebiet. Er beschäftigte in seinen besten Zeiten bis zu 600.000 Menschen:

Die Atom-Industrie soll ebenfalls bald Geschichte sein:

So ging es nach der Schließung des Opel-Werks in Bochum weiter[10]:

Solche Werbe-Tafeln waren Alltag[11] und verschwinden langsam, weil es diese Hersteller nicht mehr gibt (die Markennamen existieren noch):

AEG, u. a. Waschmaschinenmotoren, Olympia, u. a. Schreibmaschinen und Geha, u. a. Füller, sind als eigenständige Firmen inzwischen Geschichte.

Auch der Einzelhandel leidet unter der Digitalisierung. Inzwischen entfällt jeder achte Euro des gesamten Einzelhandel-Umsatzes auf den Internet-Handel. Experten gehen davon aus, dass in 10 bis 15 Jahren jedes zweite Filial-Unternehmen vom Markt verschwunden sein wird – der Rest ist entweder verkauft oder fusioniert. Der Handelsverband Deutschland (= HDE) prognostiziert darüber hinaus, dass 50.000 Geschäfte im Einzelhandel (rund 10 Prozent des Bestandes) die nächsten Jahre nicht überleben werden[12]. Dabei wird häufig übersehen, dass hinter jedem einzelnen Arbeitsplatz ein Mensch steht, der mit diesem „Schicksal" häufig allein gelassen wird.

Was wird aus den Verkäufern und den Verkäuferinnen?

Ich will Ihnen keine Angst machen. Ich möchte Sie mit meinen Ausführungen lediglich anstupsen, damit Sie heute schon entscheiden können, wo Sie morgen wirtschaftlich stehen wollen. Denn, wie erwähnt, sind bereits Zweidrittel aller Berufe weggefallen. Weitere werden folgen. Das kann noch etwas dauern. Aber nicht länger als eine Generation. Dann braucht es keine Tankstellen mehr, da die Autos Strom an Straßen und zu Hause tanken:

Es braucht keine Busfahrer, da die Busse selbsttätig fahren[13]:

Gleiches gilt für Züge. Auch hier kann eines Tages auf Zugführer verzichtet werden. Selbst Taxis kommen dann ohne Fahrer aus. Wer hätte gedacht, dass ein Suchmaschinen-Anbieter eines Tages selbstfahrende Autos entwickeln würde[14]?

Das zeigt doch, dass in Zukunft nichts mehr ausgeschlossen werden kann.

Selbst Rechtsanwälte, Notare, Versicherungsberater und Banker werden immer weniger benötigt, da durch Künstliche Intelligenz in Verbindung mit Blockchain die Arbeiten schneller, billiger und sicherer erledigt werden können.

Sind Sie auf diese Entwicklung vorbereitet?

Oder verhalten Sie sich eher wie die Musik-Kapelle auf der Titanic, die, dem drohenden Untergang nahe, weiterspielte, während Kellner die Liegestühle an Deck ausrichteten. Getreu dem Motto: „Es kann nicht sein, was nicht sein darf." Mit Blick auf das Weltgeschehen entscheiden weder Sie noch ich, was sein darf. Wir müssen uns der sich abzeichnenden Entwicklung jetzt stellen, um wirtschaftlich zu überleben.

Es liegt nicht in meiner Absicht, Sie mit negativen Aussichten zu verunsichern. Dafür ist das Leben doch viel zu schön. Damit es für Sie auch immer so bleibt, hole ich bewusst zu einem „Rundumschlag" aus, damit Sie bei Zeiten die richtigen gewinnbringenden Entscheidungen treffen können. Zudem ist es mir ein Bedürfnis, Sie, im übertragenen Sinne, aus dem Kochtopf zu holen, der Ihnen derzeit eine „Alles ist gut"-Situation vorgaukelt. Ich spreche hier vom „Boiling frog-Syndrom". Dieses „Leiden" beginnt schleichend. Am Anfang wird es kaum wahrgenommen. In der Mitte ihrer Inkubationszeit spüren die Betroffenen eine sehr entspannte und wohlige Wärme. Doch dann geht alles sehr schnell. Die wohlige Wärme schlägt blitzartig um in eine unerträgliche Hitze. Wer in diesem Zustand nicht sofort handelt, stirbt. Die Bezeichnung „Boiling frog-Syndrom“ steht für einen Frosch, der in einen Topf mit kaltem Wasser gesetzt wird. Bitte sehen Sie mir mit Blick auf das Leben dieses Tieres diesen Vergleich nach. Es geht um die Metapher und nicht um eine Empfehlung zur Nachahmung. Dieser Topf steht auf einer Herdplatte. In kleinen Schritten wird das Wasser zum Kochen gebracht. Anfänglich merkt der Frosch davon gar nichts. Mit der Zeit wird das kalte Wasser so richtig kuschelig warm. Der Sprung von kuschelig warm auf heiß ist dann nur noch ein Akt von Sekunden. Bevor der Frosch davon richtig Kenntnis nimmt, ist er „gekocht“. Das Boiling Frog-Syndrom ist deshalb so heimtückisch, weil es nie als „Revolution“ daherkommt. Eine solche ist daran zu erkennen, dass es schlagartig zu dramatischen Veränderungen kommen kann (z. B. Militärputsch). Beim „Frog-Syndrom“ vollzieht sich der Wechsel peu-à-peu. Er kommt sozusagen auf leisen Sohlen daher. Nur wer mit der Zeit geht und den Wandel begleitet, wird überleben. Wer sich gegen den Trend der Zeit stellt, wird untergehen wie diese Firmen:

- Schlecker
- Praktiker, Max Bahr (Baumärkte)
- Air Germania
- Air Berlin
- Woolworth
- Arcandor (Karstadt)
- SolarWorld
- Fleischmann und Märklin (Modelleisenbahnen)
- Loewe, Grundig und Metz (TV-Hersteller)

Seit jeher bestätigt sich das, was der Evolutionstheoretiker Charles Darwin in seinem Werk *„Die Entstehung der Arten"* von 1869 schrieb: *„Survival of the Fittest."* Darunter verstand Darwin das Überleben der bestangepassten Individuen. In der Analogie zur heutigen Entwicklung müssen sich Menschen den Entwicklungen der Neuzeit anpassen.

Wer nicht reagiert – verliert.

Dabei haben Sie Besseres verdient. Zu allen Zeiten ein Leben mit der Familie – frei von „Stechuhren" und Arbeitsplatzanwesenheit:

Mit guten Freunden Zeit verbringen:

Eine Auszeit nehmen:

Es ist nicht die Frage, ob Sie es erreichen können. Es ist nur die Frage, ob Sie es wollen!

Wenn Sie wollen – davon gehe ich aus, warum sonst hätten Sie bis hierher lesen sollen –, dann zeige ich Ihnen eine Grafik, die es in sich hat.

Hier ist sie:

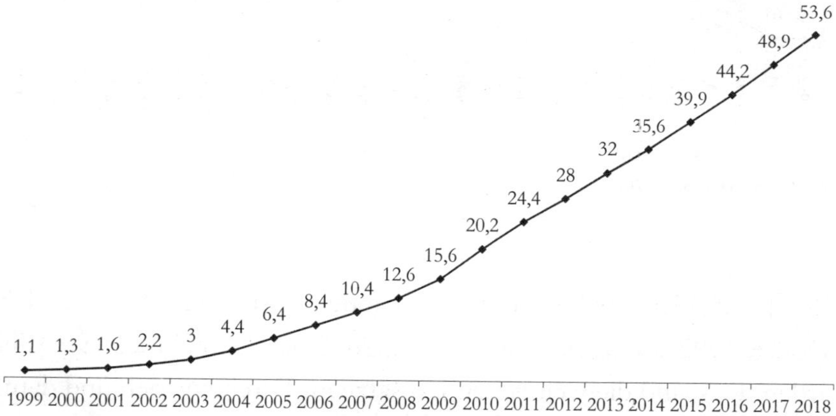

(Quelle: Statista 2018[15]; Stand: 31.12.2017; 2018 Prognose)

Bei den genannten Zahlen (in Milliarden Euro) handelt es sich um die Umsatzentwicklung im E-Commerce (B2C) in Deutschland in den Jahren 1999 bis 2017. Der Trend ist eindeutig. Der Online-Handel boomt. Lag der Umsatz 1999 bei 1,1 Milliarden, sind es gut 20 Jahre später über 53 Milliarden.

Jetzt möchte ich Ihnen eine ähnlich positiv verlaufende Grafik in Sachen Umsatzentwicklung zeigen.

Umsatzentwicklung:

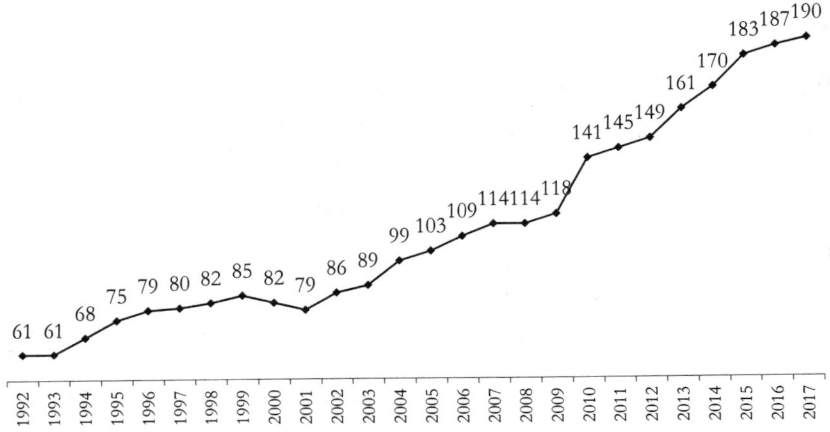

(Quelle: wfdsa.org; Stand: 2018)

Bei den Zahlen, die Sie hier sehen, handelt es sich um Milliarden US-Dollar. 1992 waren es 61 Milliarden, 2017 bereits mehr als 190 Milliarden. Das sind die weltweiten Umsätze im Direktvertrieb und damit auch aus dem Network-Marketing.

Es heißt immer, der Online-Handel gräbt den etablierten Systemen das Wasser ab. Gebetsmühlenartig wird behauptet, dass ihm und nur ihm die Zukunft gehört, weil die Menschen nur noch übers Internet bestellen. Mit der obigen Grafik haben Sie den Beweis, dass dies eine Lüge ist. Trotz der Konkurrenz aus dem Internet boomt Network-Marketing. Sehen wir von den absoluten Werten ab, dann gleichen sich die Kurven, wobei im Network-Marketing trotz der Internet-Revolution noch immer mehr Umsatz geschrieben wird als im Online-Handel.

Und, überrascht?

Mit Sicherheit, und das aus guten Gründen. Wann immer über Umsätze geschrieben wird, lesen Sie Zahlen aus dem Online- und dem stationären Handel. Von Network-Marketing lesen Sie sehr selten etwas. Stimmt´s? Deshalb glauben sie (ich schreibe es bewusst klein, da ich Sie persönlich nicht beleidigen möchte), dass der Online-Handel alles unter sich begräbt. Nein, tut er nicht. Er ist natürlich eine Gefahr für den stationären Einzelhandel, aber es gibt zum Einzelhandel Alternativen. Wer um diese Alternativen nicht weiß (Stichwort: Flamingo) muss glauben, was die breite Masse sagt und die Medien verbreiten.

Wenn Sie in den überregionalen Medien etwas über Network-Marketing lesen, dann häufig nur Schlechtes, und auch das entspricht nicht der Realität. Ein System, welches sich seit mehr als 40 Jahren am Markt hält, kann nicht schlecht sein. Dennoch lesen Sie darüber, wenn überhaupt, aus zwei Gründen. Der erste: Network-Marketing trägt in sich den Begriff „work". Diese englische Bezeichnung steht für arbeiten. Leider denken viele Einsteiger, man müsse nur mal ein bisschen „arbeiten", um ganz viel Geld zu verdienen. Dem ist nicht so. So wenig, wie eine Frau nur ein bisschen schwanger sein kann, so wenig lässt sich im Network-Marketing Geld verdienen, wenn es nur ein bisschen gemacht wird. Wer das nicht kapiert hat und resigniert aussteigt, wird natürlich nicht positiv über seine Erfahrungen berichten. Es liegt in der Natur von Menschen, dass sie sich stets ins rechte Licht rücken. Deshalb haben nicht sie im Network-Marketing versagt, sondern die anderen. Das Partner-Unternehmen, die Produkte, das Team und viele andere mehr. Diese Gescheiterten haben gefühlt 1.000 Ausreden, warum sie keine Chance hatten im Network-Marketing, obwohl sie ja alles dafür getan haben. Den Beweis dafür müssen sie nicht antreten, deshalb glaubt man ihnen so leicht.

Der andere Grund ist eine Vermutung meinerseits (ich möchte da nichts unterstellen, mache mir nur meine Gedanken). Wann immer Sie in die Medien gehen, also Internet, Fernsehen, Radio, Zeitung oder Magazine, dann werden Sie mit Werbung überflutet. Die Unternehmen zahlen Milliardenbeträge an die Medien, um für ihre Produkte Käufer zu finden. Die Partner-Unternehmen im Network-Marketing machen so gut wie keine Werbung in diesen Medien. Ihre Werbung sind ihre Kunden und Partner, die untereinander sprechen. Dadurch sparen Network-Unternehmen Milliarden Euro für nicht gemachte Werbung. Diese Einsparungen geben sie über die Produktpreise an ihre Konsumenten weiter. Das bedeutet:

Medien verdienen mit Network-Marketing kein Geld,
da es an Werbung fehlt!

Auch wenn es keine Belege für einen Zusammenhang zwischen Journalismus und Werbung innerhalb bestimmter Medien gibt, so gilt aber auch hier: „Wessen Brot ich ess, dessen Lied ich sing." Es ist eben leichter, etwas zu kritisieren, wenn damit keine wirtschaftlichen Interessen gefährdet sind, wie das durchaus der Fall sein könnte, wenn es sich dabei um einen klassischen Werbekunden, der nicht aus dem Direkt-Vertrieb kommt, handelt. Wer glaubt, ich würde an dieser Stelle falsch Zeugnis reden, für den habe ich eine Frage. Angenommen, Sie haben sich im guten Glauben und aus Überzeugung gegenüber der

Umwelt ein Diesel-Fahrzeug eines deutschen Herstellers gekauft. Ein paar Monate später erfahren Sie aus der Presse, nicht vom Hersteller geschweige denn von Ihrem Händler, dass hier in Sachen Abgaswerte manipuliert wurde. Wie fühlt es sich für Sie an? Erfahren Sie darüber hinaus, dass durch diese Manipulation der Wert Ihres gekauften Fahrzeuges um ein Vielfaches gesunken ist, der Hersteller aber jede Verantwortung von sich weist, können Sie dann noch ruhig sitzen bleiben? Wie würden Sie diese Situation aus Ihrer Sicht gegenüber dem Hersteller nennen? Betrug auf Ihre Kosten! Natürlich. Wenn dann noch von verschiedenen Behörden bestätigt wird, dass es sich genauso verhält, wie würden Sie sich, wenn dieses Unternehmen im übertragenen Sinne bisher ein guter Bekannter von Ihnen war, ihm gegenüber verhalten? Wahrscheinlich würden Sie diesem Betrüger die Freundschaft kündigen. Schließlich hat er sich auf Ihre Kosten bereichert. Eine verständliche Reaktion. Die Medien verhalten sich genauso nicht. Sie kritisieren zwar diesen Diesel-Betrug, verzichten aber eben nicht darauf, für dieses Unternehmen Werbung zu machen, für die sie fürstlich bezahlt werden. Ein Schelm, der Böses dabei denkt? Es geht um Geld – buchstäblich um jeden Preis.

Immer mehr Menschen erkennen, dass sie anderen nicht mehr vertrauen können. Deshalb boomt Network-Marketing. Das ist ein Geschäft von Mensch zu Mensch. Wer hier Mist baut oder die Unwahrheit erzählt, fliegt. Wer einen guten Job macht, braucht sich um seine Zukunft nicht mehr zu sorgen.

Trotz allen Fortschritts gibt es etwas, was Sie durch nichts ersetzen können: Persönlichkeit.

Menschen vertrauen Menschen. Network-Marketing ist ein System von Mensch zu Mensch. Es kommt ohne Werbung aus. Durch diese Authentizität muss es sich in Sachen Umsatzentwicklung im Online-Handel nicht verstecken. Zwar vertrauen rund zwei Drittel der Deutschen den Online-Bewertungen. Doch den persönlichen Empfehlungen von Bekannten wird mit fast 90 Prozent deutlich mehr Glaubwürdigkeit geschenkt.

Vertrauen in Empfehlungen und Werbung[16]:

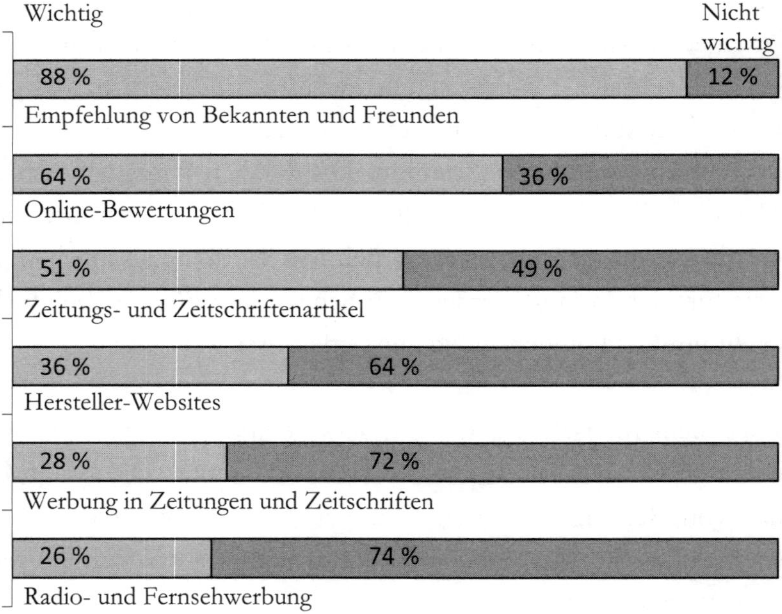

(Quelle: Nielsen)

Diese Zahlen zeigen, warum Network-Marketing so wichtig ist für die Menschen. Vertrauen von Mensch zu Mensch. Dafür steht es. Je weiter die Digitalisierung voranschreiten wird, desto wichtiger wird Vertrauen.

Das Geschenk des Lebens genießen

Um 1910 wurden die Menschen im Durchschnitt rund 60 Jahre alt. 100 Jahre später leben Männer um 25 Jahre länger, Frauen sogar um 30 Jahre. Eine heute 42-Jährige könnte das Alter von 87,9 Jahren erreichen, ein Mann immerhin 83,4.

Unsere Lebenserwartung steigt jeden Tag um 6 Stunden![17]

Entwicklung der durchschnittlichen Lebenserwartung einjähriger Kinder in den Jahren von 1910 bis 2010:

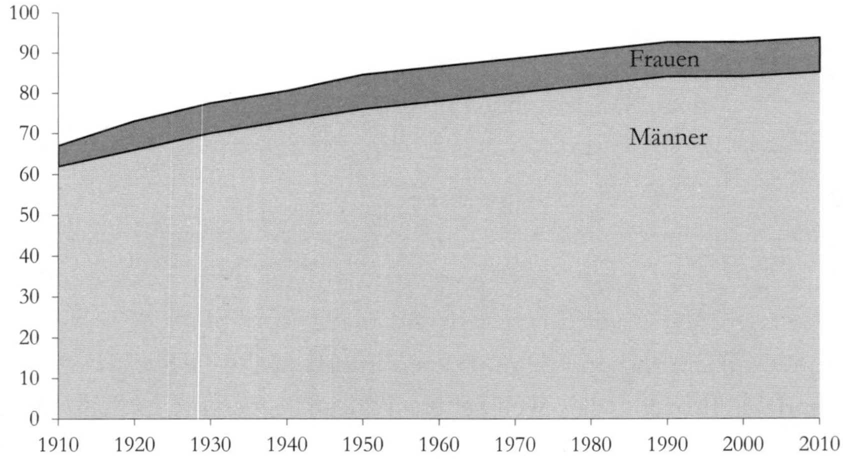

(Quelle: Generationensterbetafel des Statistischen Bundesamtes)

Diese Zahlen beziehen sich auf Deutschland. International betrachtet haben wir es mit ganz anderen Dimensionen zu tun. So lag um 1900 die globale mittlere Lebenserwartung bei geschätzten 30 Jahren.

Heute sind es rund 71 Jahre. Das ist ein Zugewinn an Lebenszeit von etwa dreieinhalb Jahren pro Jahrzehnt[18].

Für mich ist diese Entwicklung großartig. Wir können uns fast alles kaufen – nie aber Lebensjahre. Deshalb müssen wir uns jeden Tag aufs Neue dieses wunderbare wie einzigartige Geschenk in Erinnerung rufen. Es ist allerdings nicht nur geschenkt. Es ist für uns eine Verpflichtung. Wir müssen uns ihm würdig erweisen. Dafür stehen uns verschiedene Möglichkeiten zur Verfügung. Ernährung ist eine davon. Überfallen uns Hunger und Durst, dann ist es für uns so einfach wie nie zuvor, diese Bedürfnisse zu befriedigen. Danach sind wir zwar satt, allerdings nicht mit lebenswichtigen Nährstoffen versorgt. Denn die

Quantität der Nahrung ist überreichlich, während die Qualität ständig abnimmt!

Keine Annahme meinerseits, sondern inzwischen empirisch belegt. Wir Menschen verhungern sozusagen am reichlich gedeckten Küchentisch und sterben genau daran. Nach einer Studie[19] sind ungesunde Ernährung und deren Folgen in den nächsten fünf Jahren für rund 75 Prozent aller weltweiten Todesfälle verantwortlich. Diese schlimme Prognose verliert ihren Schrecken, wenn Sie sich stets die wichtigste Botschaft in Sachen Ernährung in Erinnerung rufen:

„Du bist, was du isst!“

Durch Ihre Ernährung können Sie direkt Einfluss nehmen auf Ihre Lebensqualität und damit auch auf die Lebensjahre. Denn „alt werden" bedeutet nicht zwingend „gesund alt werden". Dieser Idealzustand wird angestrebt, doch ein Körper jenseits der 80 Jahre ist alles andere als taufrisch. Es ist zwar nicht möglich, diesen Alterungsprozess aufzuhalten, dennoch sind wir dieser Entwicklung nicht hilflos ausgesetzt. Nicht unsere Gene bestimmen unser Schicksal, sondern unser Verhalten. Wer für sich Verantwortung übernimmt, übt einen großen Einfluss auf ein langes wie gesundes Leben aus. Er ist damit weniger schicksalhaften Veränderungen ausgesetzt, als gemeinhin angenommen wird. So interpretiere ich das Ergebnis einer Studie des angesehenen britischen Professors für Epidemiologie und Public Health am University College London, Sir Michael G. Marmot. In seinen Studien fand er heraus, dass dort, wo es keine ausreichende medizinische Versorgung gibt bzw. Betroffene sich diese finanziell nicht leisten können, die Menschen früher sterben. Darüber hinaus fand der Experte einen anderen Grund heraus[20]:

Es ist das Ausmaß an Entscheidungsfähigkeit, das wir Menschen in Bezug auf unsere Lebensumstände besitzen!

Armut, so seine Feststellung, macht krank, aber wichtiger noch als Einkommen sind die Arbeitssituation und das Gefühl,

das eigene Leben nach seinen Vorstellungen führen zu können.

Armut wirkt nicht aufgrund mangelnder Konsumchancen auf den Lebensstil (Alkoholiker können sich mit wenig Geld Schnaps, Bier und Wein zu Schnäppchenpreisen beim Discounter beschaffen), sondern vielmehr aufgrund engerer Entscheidungshorizonte, reduzierter

Selbstbeherrschung und mangelnder sozialer Unterstützung. Diese führt insgesamt zu einem instabileren Leben. Dr. Marmot´s Feststellung, die, wie erwähnt, empirisch belegt ist, fasse ich für mich wie folgt zusammen:

> „Menschen sind nicht arm, weil sie ungesund leben, sondern sie leben ungesund, weil sie keine Kontrolle über ihr Leben verspüren und es als Falle empfinden!“

Arme Menschen sind nicht arbeitslos, weil sie sich vernachlässigen, sondern sie vernachlässigen sich häufig, weil sie arbeitslos sind. Diese zugegebener Maßen abstrakte Feststellung lässt sich mit Zahlen beweisen, zumindest für Deutschland. Hierzu erhebt seit fast 20 Jahren die international tätige Unternehmensberatung Gallup Daten für ihren sogenannten Engagement-Index in Deutschland[21]:

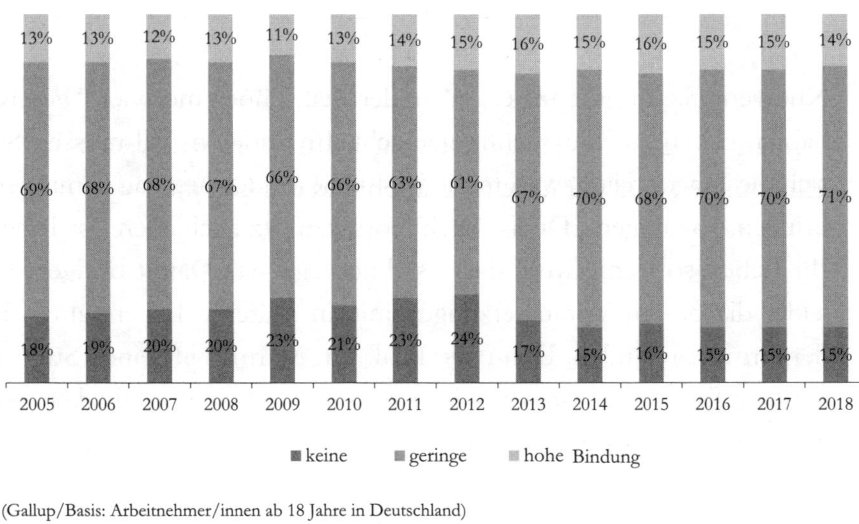

(Gallup/Basis: Arbeitnehmer/innen ab 18 Jahre in Deutschland)

Obwohl sich seit den 2000er-Jahren Gewaltiges in diesem Land mit Blick auf die Arbeitsplätze getan hat, insbesondere durch die Digitalisierung, weichen die jährlich erhobenen Daten kaum voneinander ab[22]. Nur 14 Prozent der Beschäftigten zählen zum Kreis der emotional hoch gebundenen Arbeitnehmer und Arbeiter. Demgegenüber stehen 71 Prozent, die eine emotionale Bindung zum eigenen Arbeitsplatz haben, wenn auch nur eine sehr geringe, aber immerhin. 14 Prozent der Arbeitnehmer haben die innere Kündigung bereits vollzogen. Das bedeutet, dass sie körperlich im Unternehmen anwesend sind, nicht aber geistig.

Zu welchem Kreis der Arbeitnehmer zählen Sie sich mit Blick auf Ihren Arbeitsplatz:

Ich bin	Ja	Nein
hoch motiviert		
weniger motiviert		
gar nicht motiviert		

Nur wenn Sie Ihr Kreuz bei „Ja“ in der Zeile „hoch motiviert“ gesetzt haben, haben Sie alles richtig gemacht. Im anderen Fall müssen Sie sich die Frage stellen, warum Sie 86.400 Sekunden am Tag damit verbringen, sozusagen „Dienst nach Vorschrift“ zu schieben. Ist Ihnen Ihr Leben so wenig wert, dass es Ihnen egal ist? Damit bringen Sie leider die besten Voraussetzungen mit, in späteren Lebensjahren in der Armut zu landen. Denn wie Prof. Dr. Marmot in seinen Studien herausgefunden hat, ist es das Ausmaß an Entscheidungsfähigkeit, das wir Menschen in Bezug auf unsere Lebensumstände besitzen! Wenn

Sie sich entschieden haben, jede wertvolle Sekunde Ihres Lebens damit verbringen zu wollen, unglücklich zu sein, dann ist es ganz allein Ihre Entscheidung. Es sind weder der Chef noch die Kollegen oder die Familie, die Sie in diese Position gebracht haben. Sie ganz allein waren es. Auch hier wiederhole ich eine bereits zitierte Aussage von Prof. Dr. Marmot: *„… wichtiger noch als Einkommen sind die Arbeitssituation und das Gefühl, das eigene Leben nach seinen Vorstellungen führen zu können.“*

Wenn ich mir die vorherige Statistik anschaue, dann führen viele Menschen nicht ein Leben nach ihren Vorstellungen. Das hat dramatische Folgen. Wie sonst lässt sich die Zahl der Krankentage wegen psychischer Probleme erklären? Diese hat sich in nur zehn Jahren mehr als verdoppelt – von rund 48 Millionen im Jahr 2007 auf etwa 107 Millionen im Jahr 2017[23]. Nach Angaben des Bundesarbeitsministeriums belaufen sich die damit verbundenen wirtschaftlichen Ausfallkosten auf 33,9 Milliarden Euro. Experten führen diese extreme Steigerung auf den Wandel in der Arbeitswelt zurück. Die Technik sollte helfen, die Arbeit zu erleichtern. Mit Blick auf körperliche Tätigkeiten ist das eingetreten, nicht aber in psychischer Hinsicht. Durch die Digitalisierung, so scheint es, nehmen die „seelischen“ Belastungen zu.

Führen Sie ein Leben nach Ihren Vorstellungen oder sind Sie gerade dabei, Ihre Seele zu verkaufen?

Wer nur noch Dienst nach Vorschrift verrichtet, verkauft sich und seine Seele. Das kann doch gar nicht ohne Folgen bleiben. In dieser Einschätzung fühle ich mich bestätigt, wenn ich Google zu Rate ziehe.

Wenn ich in die Zeile meine Suchanfrage eintippe, erhalte ich automatisch von Google erstellte Vorschläge. Diese sind weder repräsentativ noch empirisch. Sie sind eine Art Momentum. Deshalb können solche Ergebnisse mitunter aussagekräftiger sein als langwierige Studien, insbesondere deshalb, weil die Google-Ergebnisse nicht „gesteuert“ sind, sondern auf einem Algorithmus beruhen. Google glaubt anhand dieser Berechnungen zu wissen, wonach Sie in diesem Augenblick suchen. Es vergleicht somit Ihre Anfrage mit Daten, die mit den gesuchten Inhalten zusammenhängen und schon von anderen Nutzern verwendet wurden. Mit anderen Worten: Die Ergebnisliste ist eine Art Top-Ten der am häufigsten gestellten Fragen zu einem bestimmten Thema. Was das bedeutet, möchte ich Ihnen im Folgenden demonstrieren. Wenn Sie z. B. „meine arbeit …“ eintippen, erhalten Sie diese Vorschläge (natürlich nur eine Momentaufnahme):

Google

meine arbeit

meine arbeit **macht mir keinen spaß**
meine arbeit **macht mich depressiv**
meine arbeit **macht mich fertig**
meine arbeit **macht mir spaß**
meine arbeit **englisch**
meine arbeit **ist langweilig**
meine arbeit **macht mich krank**
meine arbeit **ist sinnlos**
meine arbeit **langweilt mich**

Mit Ausnahme von „macht mir Spaß“ und „englisch“ sind alle Suchergebnisse negativer Natur. Das zeigt doch, wie Menschen mit Blick auf ihren Arbeitsplatz ticken. Ganz offensichtlich haben die meisten „keinen Bock mehr“ auf das, was sie tun. Doch halten sie krampfhaft an diesem (Arbeits-)Leben fest, weil sie ihrer Meinung nach von irgendetwas leben müssen. Dieses Verhalten könnte ich verstehen, wenn wir mehrere Leben hätten. Haben wir aber nicht – wir haben nur dieses eine. Deshalb hat jeder das Beste verdient. Selbst wenn es ein „Leben danach“ geben sollte, gilt diese meine Aufforderung. Was wissen wir schon, was jenseits von uns liegt? Nichts. Absolut gar nichts. Alles reine Spekulation. Ich treffe regelmäßig auf Menschen, die mich fragen, ob es ein Leben nach dem Tod gibt. Ich sage ihnen: „Ich weiß es nicht. Ich weiß aber, dass es ein Leben davor gibt. Dieses Leben ist jetzt. Deshalb sollten wir es zum besten aller Leben machen.“

Unser Leben ist das Kostbarste, was wir besitzen. Mit Blick auf die hier von mir zitierten Studien und Daten kann ich nicht verstehen, dass nur so wenige Menschen ihr Leben wertschätzen. Den meisten, so scheint es, ist ihr Leben so was von egal. Sie bekommen ihren Hintern nicht hoch, schieben Verantwortung ab und damit auch die Kontrolle über ihr Leben. Das wird sie in die Armut führen, denn der Trend der Digitalisierung wird einen Auslese-Prozess auslösen, der einzigartig in der Geschichte der Arbeitswelt sein wird.

Sie entscheiden, ob Sie zur Auslese gehören und selbstbestimmt leben, um so die Kontrolle über Ihr Leben zu bekommen.

Wenn Sie diese haben, dann gibt es sehr viele Möglichkeiten, im Glück zu leben. Denken Sie an den Phoenicopteridae (also den Flamingo). Nur weil Sie von einem anderen Leben als dem, das Sie bis heute geführt haben, keine Vorstellung haben, heißt es nicht, dass es dieses Leben nicht gibt.

Wie lange wollen Sie denn noch warten, um ein Leben nach Ihren eigenen Vorstellungen führen zu können?

Sie können es.

Die Wohlstands-Quelle erschließen

Kein einziger Mensch kommt ausgebildet zur Welt. Im direkten Vergleich zur Tierwelt ist der Mensch sogar in den ersten Monaten nach seiner Geburt das unfähigste aller Säugetiere. Dennoch ist er im weiteren Verlauf jeder Spezies überlegen, aber auch nur, weil er ein Leben lang lernt (zumindest sollte er das).

- Wir gehen in die Schule, um Schreiben, Rechnen und Lesen zu lernen.
- Wir absolvieren ein Studium, um von anderen zu lernen.
- Wir gehen in eine Berufsschule.
- Wir gehen in die Fahrschule, um einen Führerschein zu erwerben.
- Wir gehen in die Segelschule, um ein Segelboot steuern zu können.
- Wir gehen in die Volkshochschule, um eine Sprache zu erlernen.

Doch wenn es um unser Leben, unsere Gesundheit, unser berufliches Überleben oder um unsere finanzielle Freiheit geht, dann gibt es dafür keine eigenständige Schule bzw. Ausbildung. Da sind wir auf uns selbst gestellt, getreu dem Motto:

Keine Ahnung – und davon eine ganze Menge.

Wie wollen Sie ein erfolgreiches Leben führen, wenn Sie bis heute nie gesagt bzw. gezeigt bekommen haben, wie Sie es erreichen? Sie also nie – Achtung – den Flamingo gesehen haben? Das geht doch gar nicht. Schauen Sie auf einen Flamingo. Dieser Vogel kennt keine Grenzen. Er ist ein Weltenbummler. Auch wenn es Kolonien (= Heimat) gibt, so lässt er sich nicht einsperren. Die Welt ist sein Terrain. Er fliegt ein Leben lang zu den unterschiedlichsten Orten. In der Analogie zu Ihrem Leben steht dieser Vogel für Ihre Freiheit ohne Grenzen. Sie müssen nur „abheben", um diese genießen zu können.

Die Entscheidung liegt bei Ihnen.

Fangen Sie an. Werfen Sie Ihre alten Bedenken über Bord. Solange Sie noch keinen Flamingo gesehen haben, so lange können Sie doch gar nicht wissen, welche Möglichkeiten das Leben Ihnen bietet. Halten Sie Ausschau nach Ihrem Flamingo. Er zeigt Ihnen im übertragenen Sinne den Weg zu einem glücklichen wie beREICHerten Leben.

Denn so wenig, wie Sie mit einer Gebrauchsanweisung auf die Welt kommen, so wenig können Sie wissen, wie ein erfolgreiches Leben möglich ist. Deshalb braucht jeder Mensch Vorbilder, weil diese den Weg bereits hinter sich haben, den Sie selbst noch gehen wollen. Ohne Vorbild leben Sie wie ohne Gebrauchsanweisung. Was das bedeutet, dürfte wohl jeder wissen, der einmal versucht hat, ein technisches Produkt auf eigene Faust und ohne Bedienungsanleitung in Betrieb zu setzen. Dieses „Herumstochern im Nebel" kostet nicht nur Zeit und Energie. Es ist zudem noch nicht einmal sicher, ob trotz aller

Bemühungen das Gerät richtig funktioniert. Wer einen Coach an seiner Seite hat oder sich an Vorbildern orientiert, hat diese Probleme nicht.

Deshalb müssen Sie im übertragenen Sinne eine Lebensschule besuchen und, mit Blick auf Ihre finanzielle Situation, eine Geldschule. Meines Wissens gibt es in keinem Land der Welt staatlich zugelassene Geld-Schulen. Ich sehe hier auch kein Licht am Ende des Tunnels. Warum sollte der Staat seine Bürger über Geld aufklären? Je mehr sie darüber wüssten, desto klarer würde ihnen, wie der Staat mit dem Geld seiner Bürger umgeht. Deshalb habe ich mich, in aller Bescheidenheit, entschieden, als Autor mein Praxiswissen weiterzugeben. Wenn an dieser Stelle der Staat „versagt", so möchte ich nicht tatenlos zusehen. Gerade mit Blick auf die heutige Zeit kommen Probleme auf uns zu, die die Politik noch immer unter den Teppich kehrt. Daran kann ich nichts ändern. Das will ich auch gar nicht. Ich will im Rahmen meiner Möglichkeiten handeln. Das mag auf den ersten Blick wie eine Sisyphusaufgabe aussehen. Auf den zweiten wird´s deutlicher.

Als ich hier in Monaco eines Morgens mit meinem Sohn am Strand spazieren ging, entdeckten wir viele Seesterne, die das aufgewühlte Meer über Nacht an den Strand gespült hatte. Mein Sohn nahm einige davon und trug sie ins Meerwasser zurück. Ich belehrte ihn und sagte, dass dieses doch ein hoffnungsloses Unterfangen angesichts der vielen Seesterne sei. Es sei, so ergänzte ich, sinnlos. Da schaute er mich an und sagte: „Papa, die zehn Seesterne, die ich soeben ins Wasser zurückgebracht habe, sehen das anders." Da fiel es mir wie Schuppen von den Augen. Getreu einer Redensart: „Kindermund tut Wahrheit kund", wurde mir klar, dass es nicht darum geht, die Welt zu retten, sondern zu retten, was einem im Rahmen seiner Möglichkeit vor Ort möglich ist. Ich erkannte, dass genau das nicht in Schulen gelehrt wird. Hier entscheiden ganz andere Dinge über Erfolg und Misserfolg.

So ist z. B. im Jahresbericht der Hamburger Schulinspektion nachzulesen, dass die Leistungen der Schüler von den einzelnen Pädagogen abhängen[24]. Das ist so lange kein Problem, wie der Lehrer einen guten Job macht. Im anderen Fall bringt er Menschen um ihre Möglichkeiten. So würden zum Beispiel zwei Drittel der Lehrer (64 Prozent) ihren Schülern davon abraten, nach ihrer Ausbildung ein eigenes Unternehmen zu gründen[25]. Nur ein Viertel der Lehrer blickt nach einer Umfrage des Branchenverbandes Bitkom in die Zukunft und empfiehlt eine Unternehmensgründung. Die Universität Siegen[26] fand zudem heraus, dass Schüler kaum etwas über Unternehmen erführen. Unternehmensgründungen würden weder gewürdigt noch als mögliche Zukunftsperspektive für die Schüler vermittelt. Insofern überrascht diese Feststellung der Wissenschaftler nicht:

„Deutscher Schulunterricht ist wirtschaftsfeindlich!“

Nicht nur in Deutschland endet die gesetzliche Schulpflicht zwölf Jahre nach ihrem Beginn. Wenn Schüler zwölf Jahre lang nur Schlechtes über Unternehmer, Unternehmen, Firmen und Manager hören, gleichzeitig der Staat als „sorgender Vater“ verklärt wird, wundere ich mich schon lange nicht mehr, warum es nach wie vor so schwer ist, Menschen von den einzigartigen Möglichkeiten, die jenseits staatlicher Alimentierung, Wissensvermittlung und Bevormundung liegen, zu begeistern.

Der Mut der Unternehmer wird belohnt. Ihr Netto-Vermögen übersteigt bei weitem das anderer Berufsgruppen. Selbstständige verfügen über ein Netto-Vermögen von rund 258.000 Euro, Beamte über 155.000 und Arbeiter über 82.000 Euro[27].

Erfolgreiche Selbstständige werden nicht geboren – sie werden dazu gemacht!

Wobei es nicht „den Selbstständigen" gibt, sondern verschiedene Arten von Selbstständigkeit. Ein Kioskbesitzer, der früh morgens um acht Uhr seinen Kiosk öffnet und um 22 Uhr schließt, ist ein Selbstständiger. Der ist aber weit davon entfernt, ein erfolgreiches Leben zu führen, da er mindestens 14 Stunden am Tag in seinem Kiosk verbringt. Ähnlich lange arbeiten selbstständige Taxi-Unternehmer, Fensterputzer, Bäckermeister, Friseure etc. pp. Sie alle sind zwar ihr eigener Chef, doch in Sachen Zeit und Geldverdienen können die meisten nicht an einem Angestelltenjob vorbeiziehen.

Diese Form von Selbstständigkeit meine ich nicht. Wenn ich den Begriff der Selbstständigkeit in den Mund nehme, dann meine ich eine andere Art, die ich im Folgenden erklären möchte. Nehmen wir an, Sie handeln mit Erdöl. Eines Tages werden Sie vom Bürgermeister einer Insel angerufen. Er hat ein Problem, das Sie lösen sollen. Er bittet um einen Termin. Ein paar Tage später sitzen Sie in seinem Büro. Mit Ihnen ein weiterer Gast. Der Bürgermeister erklärt Ihnen, dass die Öl-Versorgung der Insel zusammengebrochen ist, weil der bisherige Lizenzinhaber verstorben ist. Da die Insel vom Tourismus lebt, braucht es täglich etliche 1.000 Liter Öl, um die Versorgung sicherzustellen. Der Bürgermeister will kein Risiko eingehen und verpflichtet Sie und den Gast. Ein lukrativer Auftrag für Sie, wird doch nach der gelieferten Menge abgerechnet. Nach dem obligatorischen Handschlag bittet Sie der Bürgermeister, in zwei Wochen mit der Lieferung anzufangen. Der andere Gast ist jetzt Ihr direkter Konkurrent. Liefert er mehr Öl als Sie, verdienen Sie weniger, und umgekehrt. Während Sie nach dem Gespräch zurück aufs Festland gehen, erwirbt Ihr Konkurrent von der Witwe des verstorbenen Öllieferanten das heruntergekommene Tankschiff. Da er nicht über die Summe verfügt, leiht er sich das Geld von seiner Hausbank, was erhebliche Kosten und Risiken mit sich bringt. Mit dem Schiff ist es ihm möglich, Öl vom Festland zur Insel zu verschiffen. Eine einfache Fahrt dauert eine Stunde. Die Be- und Entladung des Schiffes jeweils rund 1,5 Stunden. Genauso lange die Rückfahrt, da das Schiff insgesamt schwerer im Wasser liegt. Insgesamt wendet der Konkurrent mit einer Lieferung über fünf Stunden Zeit auf. Er kann somit im besten Fall drei Mal am Tag liefern. Das Schiff fasst 10.000 Liter, sodass theoretisch 30.000 Liter verschifft werden können. Damit das gelingt, braucht Ihr Konkurrent neben Schiff und Personal viel Geld für den Treibstoff, ansonsten laufen die Dieselmotoren nicht. Aufgrund des Gewichts verbraucht der Schiffs-Diesel etliche Tonnen pro Tag an Kraftstoff. Das alles bedeutet eine hohe Verantwortung, sehr hohe Kosten, Stress und einen 16-Stunden-Tag.

Erfolgreiche Selbstständigkeit sieht anders aus.

Deshalb haben Sie sich gegen ein Schiff entschieden. In den ersten 14 Tagen hat Ihr Konkurrent bereits etliche Tonnen Öl via Schiff zur Insel geliefert. Sie hingegen noch keinen Tropfen. Doch das ändert sich. Sie haben diese Zeit anders genutzt. Weil Sie rund um die Uhr gearbeitet haben, konnten Sie in diesen 14 Tagen eine Pipeline vom Festland zur Insel legen.

Pro Stunde befördert sie 10.000 Liter zum Zielort. Da diese Leitung durch Pumpen gesteuert wird, braucht es fast kein Personal, sondern nur Strom. Diese Pumpen arbeiten rund um die Uhr, verlangen nicht nach Urlaub, werden nicht krank und kennen auch keine Gewerkschaft. Deshalb pumpen sie in 24 Stunden 240.000 Liter Öl zur Insel. Im übertragenen Sinne fließt nun jeden Tag Ihr Verdienst auf Ihr Bankkonto.

Während Sie sich genüsslich zurücklehnen, weil Ihr Business automatisch läuft, findet Ihr Konkurrent keine Sekunde Ruhe. Nur wenn er sein Schiff in Bewegung hält, fließt Geld. Wird er krank, fällt der Schiffsmotor aus oder kann er den Diesel nicht bezahlen, ist es vorbei mit seinem Einkommen. Er ist zwar ein selbstständiger Unternehmer, doch in der Realität ist er ein Sklave, der sich selbst in diese Situation gebracht hat.

Wenn Sie die Wahl haben, wie sähe Ihre Entscheidung aus:

1. Kapitän auf einem alten Tanker oder
2. Inhaber einer Öl-Pipeline?

Mit an Sicherheit grenzender Wahrscheinlichkeit hätten Sie im ersten Step die Pipeline gebaut, um im zweiten das Leben zu genießen. Somit hätten Sie alles richtig gemacht. Einen alten Kahn kaufen, um damit für den Rest des Lebens Sklave von Zeit und Geld zu werden, kann jeder. Eine Pipeline bauen, kann nur der, der erkannt hat, wie sich damit auf Dauer stressfrei sehr viel Geld verdienen lässt. Getreu dem Motto: Einmal investiert – ein Leben lang rentiert!

Womit sich die Frage aufdrängt, wie Sie eine Pipeline, die Ihnen, in der Analogie dazu, ein Leben lang Geld aufs Bankkonto spült, bauen? Keine Sorge. Kaum jemand weiß, wie das Kunststück funktioniert. Ihre Situation ist vergleichbar mit einem Möbelstück. Wenn Sie es noch nie gesehen haben und es ohne Montage-Anleitung zusammenbauen müssen, könnte es nicht ganz leicht sein. Sobald Sie eine solche in Ihren Händen halten, können Sie jedes Möbelstück zusammenschrauben. Mit „Ihrer Pipeline“ und mit dem Geldverdienen verhält es sich genauso. Sie brauchen auch hier eine präzise Anleitung. Eine Anleitung, die Sie verstehen. Sehen Sie mir diese Einlassung nach. Ich weiß nichts über Ihren Bildungsgrad. Das ist auch nicht wichtig, weil Geldverdienen, Geld haben und Geld vermehren keine Fragen der Bildung, sondern des Verständnisses sind. Wäre es anders, würde man den vielen Millionären, die ohne Studium und teilweise sogar nur mit einem normalen Hauptschulabschluss zu ihrem Vermögen kamen, Unrecht tun.

Nur auszugsweise hier einige der bekanntesten „Studienabbrecher", die es vorgezogen haben, unternehmerisch tätig zu werden, statt ein Diplom in der Tasche zu haben[28]:

- Larry Ellison, Gründer von Oracle
- Bill Gates, Gründer von Microsoft
- Herbert Grönemeyer, deutscher Musiker
- Günther Jauch, deutscher Moderator
- Steve Jobs, Mitbegründer von Apple
- Steve Wozniak, Mitbegründer von Apple
- Wolfgang Joop, Designer
- Michael Dell, Gründer der weltgrößten Computerfirma
- Heinrich von Kleist, deutscher Schriftsteller
- Mark Zuckerberg, Gründer von Facebook

Machen wir uns allerdings nichts vor. Weder ich noch Sie sind ein zweiter Bill Gates, Zuckerberg, Steve Jobs oder Jeff Bezos. Als Menschen sind wir selbstredend einzigartig wie ungewöhnlich. Das ist unsere Persönlichkeit. Dennoch sind wir deshalb nicht in der Lage, den hier zitierten Persönlichkeiten nachzueifern. Es ist alles andere als leicht, ein Multi-Milliarden-Unternehmen aufzubauen. Das gelingt eben nur ganz, ganz wenigen. Diese Persönlichkeiten sind die sprichwörtliche Spitze des Eisbergs in der Welt des Erfolgs, die allerdings inflationär herhalten müssen, wenn von finanziellem Erfolg die Rede ist. Die meisten der weltweit aktiven Unternehmer bewegen sich mit ihrem Einkommen nicht im Multi-Milliarden-Bereich. Menschen vom Schlage Jobs, Gates und Zuckerberg sind eher die rühmliche

Ausnahme als die Regel. Deshalb sollen sie nicht als Maßstab herangezogen werden, sondern die, die „nur" mit ein paar Millionen Euro ihr Auskommen mit ihrem Einkommen (ab)gesichert haben. Denn ob Millionär oder Milliardär – beide haben etwas gemeinsam:

die richtige Lebenseinstellung.

Erfolgs-Coaches sind der Meinung, dass diese Persönlichkeiten sich zuvor die „Warum"-Frage gestellt haben. Dadurch fanden sie u. a. zu ihrer Geschäftsidee, die sie dann so reich gemacht hat. Nach Experten-Meinung haben sie sich zu Beginn ihrer Karriere diese Frage gestellt: „Warum tue ich das, was ich tue?" Für sie hat ein „Warum" immer etwas mit den persönlichen Zielen zu tun, die vom Herzen kommen. Wer sein „Warum" kennt, der hat den Schlüssel zum Erfolg, behaupten die Trainer. Ich teile diese Meinung nur bedingt. Die „Warum-Frage" zielt auf den Grund unseres Daseins. Deshalb stellen Wissenschaftler stetig die Frage nach dem „Warum". Warum ist das so? Warum funktioniert das so? Warum gibt es dieses Naturgesetz? Die Forscher schauen mit dieser Frage in die richtige Richtung. Nicht aber der Mensch, der einen Sinn in seinem Leben sucht, um danach zu leben. Mit einer „Warum"-Frage würde er in die falsche Richtung schauen.

Nicht die „Warum"-Frage zielt auf den Erfolg, sondern einzig die „Wozu"-Frage!

Wenn man sich fragt, wozu etwas dient und welchen Zweck es erfüllt, dann hinterfragt man die Absicht, die hinter einem Handeln steht. Das „Wozu" ist nicht die Frage nach dem Grund, sondern nach dem

Sinn, der sich hinter etwas verbirgt. Mit dieser Frage geht es nicht um das Dasein, sondern um einen Sinn. Menschen, die sich die „Wozu“-Frage stellen, wollen ihrem Leben und dem der anderen einen Sinn geben. Genau deshalb funktioniert Network-Marketing. Erfolgreiche Networker fragen nie, warum sie Networker geworden sind, sondern wozu sie mit ihrem Handeln beitragen können. Darauf gibt es nur eine richtige Antwort:

Sie verbessern das Leben auf diesem Planeten!

Sie können sich zu einhundert Prozent auf diese Aufgabe konzentrieren, da Network-Marketing ein System ist, das ihnen fast alle Arbeit abnimmt. Wer hingegen in die klassische Selbstständigkeit einsteigt, der hat diese Zeit nicht. Um sein Start-up auf die Beine stellen zu können, hat er täglich diese Herausforderungen zu meistern:

- innovative Ideen mit Leben füllen
- Produktentwicklung und -herstellung
- Bereitstellung der Produktions- und Vertriebseinrichtungen
- Investitionen in Betriebsausstattung, Lager und Büroräume
- Verkauf, Bestellannahme, Versand
- Fakturierung, Buchhaltung, Zahlungsverkehr, Inkasso
- Mitarbeiterführung
- Schulungen
- Forschung
- Behördliche Auflagen und Genehmigungen,

um nur die wichtigsten Aufgaben aufzuzählen. Somit hat der typische Unternehmensgründer für seine Kunden keine Zeit. Sie sind es aber, die Geld in Form von Umsatz in sein Unternehmen bringen. Darum muss er ihnen die meiste Zeit einräumen, weil er auf sie angewiesen ist.

Je nach Branche haben viele Gründer hohe Kredite aufgenommen, um ihr Unternehmen überhaupt starten zu können. Sechsstellige Beträge sind die Regel und weniger die Ausnahmen. Dieses Geld aber wird ihnen nicht geschenkt. Es sind Kredite, die nur unter persönlicher Haftung und zu höheren Zinsen vergeben werden. Dazu gesellt sich der monatliche Druck, diese laufenden Raten pünktlich zu zahlen Das ist alles andere als leicht. Ich gehe sogar soweit und warne Sie davor, Unternehmer einer eigenen Firma zu werden. Stattdessen starten Sie Ihr eigenes Business, weil es genau die Dinge erfüllt, von denen typische Unternehmensgründer nicht einmal zu träumen wagen:

- Sie brauchen kein Fremdkapital, da es fast keine Investitionssumme gibt.
- Sie sind Ihr eigener Chef.
- Sie können Ihr Unternehmen in Teilzeit aufbauen (also in der Zeit, in der Sie nicht Ihrer Hauptbeschäftigung nachgehen).
- Sie können bis auf weiteres Ihren Ganztags-Arbeitsplatz behalten.
- Ihr eigenes nebenberufliches Unternehmen wächst, ohne dass jemand eingestellt oder bezahlt wird.
- Sie bestimmen Ihren Arbeitseinsatz.
- Sie bestimmen Ihr Einkommen selbst.
- Sie verdienen auch dann Geld, wenn Sie selbst nicht aktiv sind.

Dafür steht Network-Marketing.

Die sieben wichtigsten Erfolgs-Bausteine

Network-Marketing ist der Weg zur finanziellen Unabhängigkeit, weil es die sieben wichtigsten Bausteine vereint:

1. risikoloser Einstieg
2. freie Zeiteinteilung
3. keine Lagerhaltung
4. bequemer Start von zu Hause
5. Höhe des Einkommens individuell
6. passive Einnahmen
7. Sicherheit vor Krisen an den Finanzmärkten

Ich möchte auf zwei Punkte genauer eingehen. Da ist zunächst Punkt 6 „passive Einnahmen“. Das ist sozusagen der Turbo, der Network-Marketing von anderen Geschäftsmodellen unterscheidet und so die Networker reich macht. Geschäftsleute wie z. B. Jeff Bezos (Amazon), Sergey Brin und Larry Page (Google), Autoren wie Dan Brown (Sakrileg) und Musiker wie Justin Bieber erfreuen sich am passiven Einkommen (Es ist ihre Pipeline). So werden wiederkehrende Einkünfte für einmal getane Arbeit bezeichnet, die das Einkommen zum Fließen bringen. Ein Buchautor verdient an seinem Buch – wenn er ein gutes geschrieben hat –, das er zuvor ja nur hat einmal schreiben müssen. Musiker können sehr reich werden, wenn sie einen Titel veröffentlicht haben, der von jedermann gehört wird. Eine ähnliche Form des Einkommens bietet Network-Marketing. Es ist für mich die beste Möglichkeit, mit sehr geringem Risiko viel Geld zu verdienen. In diesem System ist jeder sein eigener Chef, der mithilfe eines verlässlichen großen Partners im Hintergrund, der einem die Produktentwicklung, Herstellung und Logistik abnimmt, sein Business aufbauen kann. Das ist Selbstständigkeit vom Feinsten und der einzige Weg mit geringem Risiko.

Aus meiner Sicht gibt es keinen besseren Weg zur finanziellen Unabhängigkeit. Selbst die Industrie- und Handelskammer ist davon überzeugt. In der Broschüre[29]„Ihre Chance zur Selbstständigkeit“ der IHK Leipzig ist u. a. Folgendes zu lesen[30]: *„Eine Form des Direktvertriebes ist das Network-Marketing. Beim Network-Marketing wird das Warengeschäft mit der Gewinnung von weiteren Vertriebspartnern durch einen bereits tätigen Verkäufer verbunden, wodurch hierarchische Vertriebssysteme entstehen. Die Vergütung der Vertriebspartner der Vorstufen ist von der Verkaufstätigkeit der Vertriebler der nachgelagerten Stufen abhängig.“* Prof. em. Dr. M. Zacharias von der Hochschule Worms war Deutschlands Experte für Network-Marketing. Er beschrieb in seiner aktiven Zeit diese einzigartige Vertriebsform wie folgt[31]: *„Eine Sonderform des Direktvertriebes ist das Network-Marketing. Dabei wird das Warengeschäft mit der Gewinnung von weiteren Verkaufsmitarbeitern durch einen bereits tätigen Verkäufer verbunden, wodurch hierarchische Verkäuferketten entstehen. Die Vergütung der Verkäufer der Vorstufen ist von der Verkaufstätigkeit der Verkäufer der nachgelagerten Stufen abhängig. Das Einkommen der Händler hängt ausschließlich vom Weiterverkauf der Waren und nicht von der Anwerbung von Abnehmern im Sinne eines Kopfgeldes ab.“*

Network-Marketing ist ein Business-Modell und kein klassischer Direktvertrieb. Verkäufer verkaufen, Berater beraten, während Networker Empfehlungen aussprechen. Damit bauen sie sich ein Konsumenten-Netzwerk auf, welches die Mitglieder mit außergewöhnlichen

Leistungen zu bevorzugten Konditionen versorgt. Mit dieser „Versorgung“ liefern Networker ihren Kunden einen wertvollen Nutzen, an dem sie mitverdienen. Daher gilt:

Je mehr Empfehlungen Networker aussprechen, desto schneller wächst ihr eigenes Konsumenten- und Vertriebspartner-Netzwerk.

Das hat nichts mit Magie zu tun, sondern mit richtiger Kommunikation. Einmal angenommen, in Ihrer Stadt hat ein Eis-Café eröffnet. Durch Zufall stehen Sie davor. Da Sie bis zum nächsten Termin noch Zeit haben, gehen Sie hinein und bestellen sich ein „Eis nach Art des Hauses“. Bereits mit dem ersten Löffel entwickelt das Eis in Ihrem Mund ein Festival der Sinne. So etwas haben Sie noch nie erlebt. Sie sind rundherum zufrieden. Einen Tag später erzählen Sie einem Bekannten von Ihrem Erlebnis. Ihre Augen glänzen, Worte der Begeisterung kommen über Ihre Lippen, während Ihre Hände das Gesagte unterstreichen. Zum Schluss empfehlen Sie Ihrem Bekannten, das Eis-Café aufzusuchen, um es selbst mit allen Sinnen zu erfahren. Er folgt Ihrer Empfehlung. Daran verdient das Eis-Café – Sie nicht. Allein Ihre Begeisterung für dieses Produkt hat zu diesem Umsatz geführt.

Was glauben Sie? Wäre Ihr Bekannter auch dann ins Café gegangen, wenn Sie ihn mit ZDFs versorgt hätten, also mit Zahlen, Daten und Fakten? Eher nicht. Denn dieses Gespräch wäre rein sachlicher Natur gewesen. Sie hätten ihm die Zutaten genannt. Sie hätten die Waffel bzw. den Eisbecher beschrieben oder die Konsistenz der Sahne. Auch hätten Sie ihm etwas über die Anzahl der Tische und Stühle innerhalb des Cafés erzählt. Sie hätten über die Gestaltung des Lokals Worte verloren. Sie hätten über die verschiedenen Eis- und Kaffeesorten gesprochen. Diese Informationen mögen an anderer Stelle wichtig sein, doch Begeisterung lösen sie nicht aus.

Doch nur durch Begeisterung „verkaufen“ wir Menschen uns am besten. So hat auch Ihre Begeisterung dazu geführt, dass der Eis-Café-Betreiber durch Ihre Empfehlung mehr Umsatz schreibt. Entlohnt werden Sie dafür nicht.

Vielleicht wehren Sie sich dagegen, dass ich an dieser Stelle von „verkaufen“ schreibe. Sie haben es doch „nur“ weiterempfohlen. Genau darum geht es im Network-Marketing. Wir „verkaufen“ auf Empfehlung, und damit lässt sich ein Vermögen machen. So wie Sie Ihr Geschmacks-Erlebnis nicht verkauft, sondern indirekt weiterempfohlen haben, sprechen wir im Network-Marketing auch von Empfehlungsmarketing. Deshalb ist es so erfolgreich. Wir Networker übertragen unsere Begeisterung über das System, die Produkte und das dahinterstehende Partner-Unternehmen auf andere Menschen. Hier fühlen wir uns wohl. Authentizität, ehrliche Begeisterung und ein echtes Interesse an Menschen sind dabei unsere Erfolgsgaranten.

Dieses Feeling können nur Networker erleben, die wissen worüber sie sprechen. Das bedeutet, dass sie alle Produkte ihres Partner-Unternehmens selbst anwenden. Natürlich zwingt sie niemand dazu. Es gibt keine Verpflichtung zwischen eigenem Produkteinkauf und der Weiterempfehlung, das eine kann ohne das andere. Es ist allerdings sehr viel leichter, wenn ein Networker durch eigene Erfahrungen weiß, worüber er spricht. Im anderen Fall erscheint es, als würden die Blinden von der Farbe sprechen. Das wirkt nicht überzeugend und genau das spüren die Angesprochenen. „Schuld" daran ist die Körpersprache. Sie kann nicht lügen. Die Zunge schon. Zudem ist die Körpersprache die einzige, die von fast jedem Menschen verstanden wird.

In unseren Breiten bleiben Worte reine Lippenbekenntnisse, wenn die Sprache des Körpers nicht dazu passt. Das bewies bereits in den 1970er-Jahren der US-amerikanische Psychologe Prof. Dr. Albert Mehrabian. Er fand heraus, dass bei Unstimmigkeiten Zuhörer wie Zuschauer nicht dem Inhalt vertrauen, sondern der Mimik und Gestik, also der Körpersprache und damit den nonverbalen (wahren!) Botschaften des Unterbewusstseins.

Wer überzeugen und glaubwürdig sein will, der muss Körpersprache und Stimme in Harmonie zum Inhalt bringen!

Das gelingt dem, der zu 100 Prozent von dem überzeugt ist, was er sagt. 100 Prozent überzeugt sein, kann nur der, der weiß, worüber er spricht. Mit Blick auf Network-Marketing bedeutet dieses, dass er

- die Produkte kennt
- die Produkte selbst benutzt
- voll und ganz hinter seinem Partner-Unternehmen steht

Eine Herausforderung, die viele nicht meistern können. Heute ist alles nur noch „like" oder „dislike". Noch nie in der Geschichte der Menschheit gab es die Möglichkeit, so schnell und einfach seine Meinung mit der ganzen Welt zu teilen. Diesen Nachrichten und „Posts" wird inzwischen eine höhere Glaubwürdigkeit eingeräumt als anderen Informationskanälen. Ich möchte nicht so weit gehen und behaupten, dass das „alte“ Marketing ausgedient hat. Aber weit entfernt davon ist es nicht. Der heutige Konsument vertraut nicht länger schrillen Werbebotschaften, klassischen Hochglanzprospekten oder gut aufgemachten Werbebriefen. Er kann es auch gar nicht mehr. Studien gehen davon aus, dass mehr als 6.000 Werbe-Botschaften tagtäglich auf jeden Einzelnen von uns einprasseln. Sie alle zielen darauf ab, dass wir schneller zu einem beworbenen Artikel greifen. Was immer schwieriger wird. Seit 1988 hat sich das durchschnittliche Sortiment in einem deutschen Supermarkt verdreifacht auf rund 25.000 verschiedene Artikel[32]. Für diese Menge – ich spreche hier nur vom Supermarkt und nicht von weiteren wichtigen Alltags-Entscheidungen – ist das menschliche Gehirn nicht ausgelegt. Psychologen sprechen hier von „Entscheidungsüberlastung“.

Immer öfter muss das Gehirn auf „Durchzug“ schalten, um sich selbst zu schützen. Deshalb erreicht die klassische Werbung schon lange nicht mehr ihre Zielgruppe. Diese sucht heute nach „Zeugen“. Nur diese können sie noch überZEUGEN. Diese Zeugen kommen in der Gestalt von Empfehlungsgebern. Mit Network-Marketing halten Sie zudem einen Schatz in Ihren Händen, der einer Gelddruckmaschine gleichkommt. Kein anderes System garantiert Ihnen höhere wie sichere Einnahmen.

Das ruft natürlich Neider auf den Plan. Sie unterstellen, dass Networker nur deshalb so viel Geld verdienen (wobei die Frage im Raum steht, was „so viel“ heißt), weil die Produkte „überteuert“ sind. Diese Neider kennen keinen Flamingo (Sie erinnern sich – siehe weiter vorne), deshalb reden sie dumm daher. Hätten sie – bildlich und bzgl. unseres Themas – einen solchen gesehen, sie wüssten um ihren Irrtum. Networker verdienen mehr Geld, weil dieses System ohne Zwischenhändler auskommt. Die Network Partner-Unternehmen produzieren selbst und reichen diese Ware direkt zum Konsumenten durch.

Klassischer Vertriebsweg:

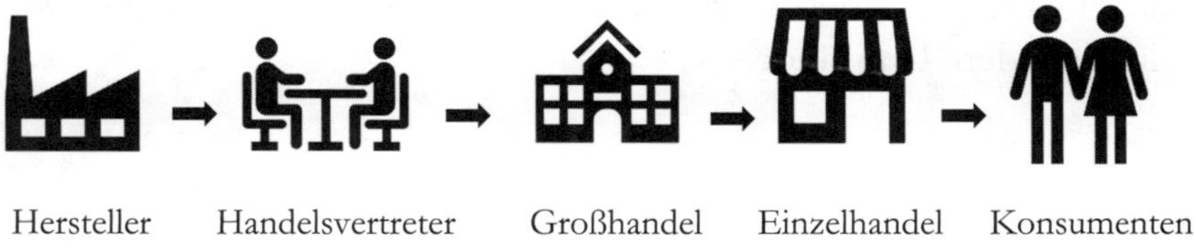

Network-Marketing-Vertriebsweg:

Hersteller Networker Konsumenten

Dadurch, dass diese drei Bereiche im Network-Marketing komplett wegfallen:

Handelsvertreter Großhandel Einzelhandel

werden Kosten und Gebühren eingespart, die zum einen in der Gestaltung des Verkaufspreises einfließen, sodass der Konsument Qualitäts-Produkte zu einem sehr günstigen Preis erwirbt. Zum anderen können die Partner-Unternehmen im Network-Marketing durch diese Einsparungen höhere Provisionen auszahlen, weshalb Networker dadurch deutlich mehr verdienen. Deshalb werden Networker reich und nicht, wie leider noch immer fälschlicherweise behauptet wird, durch andere Umstände.

Network-Marketing schützt vor der Euro-Krise

Von einem der erfolgreichsten Börsianer, André Kostolany, stammt diese Aussage: *„Mit der Sicherheit einer Währung verhält es sich ähnlich wie mit der Treue einer Frau: Wenn man sie extra betonen muss, ist sie schon zweifelhaft.“* Ich bin mir sicher, dass der Euro in seiner jetzigen Form, trotz aller Lippenbekenntnisse der Politik, keine Überlebenschance haben wird. Er hatte nie den Hauch einer Chance, sich als stabile Währung zu etablieren. Er wurde vom ersten Augenblick an „missbraucht“.

Der Euro ist eine Gemeinschaftswährung. In 19 der 27 EU-Länder ist er die offizielle Währung. Eingeführt wurde er 2002 nach einer sehr langen Vorbereitungszeit von über 40 Jahren. Dabei übersahen die „Väter und Mutter“ dieser neuer Währung, dass Währung viel mehr ist als nur eine Rechen- und Tauscheinheit. Hinter jeder Währung stehen Menschen. Da sind z. B. auf der eine Seite die kühlen Nord-Europäer, auf der anderen die Menschen mit ihrem mediterranem Lebensstil. Unterschiedliche Kulturen und Mentalitäten lassen sich meiner Meinung nach niemals unter einen Hut bringen. Deshalb wird meiner Meinung nach der Euro keinen Bestand haben. Die Tatsache, dass Sie heute für Ihr Geld auf dem Sparbuch keine Zinsen bekommen ist das erste für Sie greifbare Ergebnis einer verfehlten Währungspolitik. Der Euro spaltet mehr als das er eint.

Sie haben zwei Möglichkeiten, auf meine Einschätzung zu reagieren. Sie verharren wie das Kaninchen vor der Schlange und hoffen auf ein Wunder, oder aber Sie kümmern sich fortan selbst um Ihr Geld. Letzteres ist deshalb so wichtig, weil fast jede Staatspleite zu einem Totalverlust des Geldes seiner Bürger geführt hat. Buchstäblich über Nacht kann Ihnen der Staat das Geld nehmen, indem er es entwertet. Nie sollten Sie vergessen, dass der Euro-Schein, den Sie in Ihrer Tasche tragen, nur bedrucktes Papier ist. Dieses Papier ist bei allen Scheinen identisch. Mit anderen Worten: Nur die aufgedruckte Zahl beziffert den Wert des Euro und nicht das Papier. Ein 5-Euro-Schein ist somit genauso viel oder wenig „wert" wie ein 200-Euro-Schein. Die Tatsache, dass Sie bei Vorlage eines 200-Euro-Scheins Waren und Dienstleistungen in gleicher Höhe erhalten, stützt sich einzig und allein auf Vertrauen und nicht auf den Wert des Papiers. Der Verkäufer eines Produkts wird Ihnen Waren im Wert von 200 Euro nur so lange aushändigen, wie er davon ausgehen darf, dass die Bank gegen Vorlage dieses Euro-Scheins seinem Konto den Betrag von 200 Euro gutschreiben wird. Das war nicht immer so, wie folgendes Beispiel verdeutlicht. Sie sehen hier einen deutschen Geldschein aus dem Jahre 1924 im Wert von Fünfhundert Millionen Mark:

Wer dieses Papiergeld in seinen Händen hielt, durfte sich als 500-facher Millionär bezeichnen. Das Ganze hatte nur einen kleinen Schönheitsfehler: Ein Laib Brot kostete zur selben Zeit mehrere Milliarden Mark. Hier zeigte sich einmal mehr der Irrsinn des Papiergeldes. Auch wenn ich eine solche Entwicklung inzwischen für ausgeschlossen halte, so darf nicht übersehen werden, dass eine jährliche Inflationsrate von zwei Prozent, mit der wir es in der Euro-Zone durchschnittlich zu tun haben, dazu führt, dass Ihr Geld in weniger als 36 Jahren nur noch die Hälfte wert ist. Bei Vorlage eines 100 Euro-Scheins werden Sie dann nur noch Waren oder Dienstleistungen in Höhe von 50 Euro erhalten.

„Zuletzt kehrt Papiergeld immer zu seinem inneren Wert zurück – und der ist Null",

erkannte bereits der französische Philosoph Voltaire im 18. Jahrhundert. Bedrucktes Papier hat keinen inneren Wert, weil Banken es nach Belieben drucken können, ohne Sicherheiten zu hinterlegen. Deshalb ist es jetzt so gefährlich, sich nur um Geld zu kümmern. Viel wichtiger ist es, sein Vermögen gegen die Unbilden der Welt-Geschichte zu schützen. Bis zum Ausbruch der Finanzkrise 2007/2008 hatten viele Zeitgenossen geglaubt, Finanzberater lebten von der Beratung und nicht vom Verkauf ihrer Produkte. Ein sehr naiver Glaube – leider bis heute noch sehr weit verbreitet. Genauso wie der Glaube, diese „Finanz-Experten" könnten unser Geld viel besser vermehren als wir selbst. Auch ein Irrtum, der viele Anleger sehr viel Geld gekostet hat.

Hinter jedem Deal steht ein Mensch!

Währungen können sich verändern oder entwertet werden, zufriedene Kunden indes bleiben Ihnen immer erhalten. Da spielt es dann keine Rolle, in welcher Währung Ihre Kunden zahlen. Ändert sich die Währung, dann zahlen Ihre Kunden fortan mit der neuen Währung. Sie „müssen" zahlen, weil sie zum Überleben nicht auf Waren und Dienstleistungen verzichten können. Deshalb ist Network-Marketing so wichtig. Es ist das System, das Sie vor jedem Währungs-Crash schützt. So wie für Google, Amazon und Facebook Daten die Währung sind, so sind für Sie Ihre Kunden Ihre krisenfeste Währung.

Das ist der Zeitgeist – Sie sind mittendrin!

Sie haben mit Network-Marketing die besten Chancen, sich gegen alle Euro-Gefahren zu schützen. Deshalb müssen Sie Ihr Leben gar nicht verändern, denn Sie „verkaufen" sich doch sowieso jeden Tag. Höre ich da einen Widerspruch? Sie würden sich nicht als Verkäufer sehen? Gut, dann nenne ich es eben anders: „Sie gehen einer geregelten Arbeit nach." Mit anderen Worten: Sie verkaufen tagtäglich Ihrem Chef Ihre Arbeitsleistung und stehen in Konkurrenz zu anderen Kollegen. Nur durch stetiges Anpassen und Verbessern Ihrer Leistung behalten Sie in einem solchen System die Oberhand. Insofern verkaufen Sie jeden Tag aufs Neue Ihre Leistungen. Im Network-Marketing ist Schluss damit. Da müssen Sie sich diesem Stress nicht mehr aussetzen, weil Sie hier Empfehlungen aussprechen. Je mehr, desto stabiler ist Ihre finanzielle Situation.

Das gilt im Besonderen sogar für die Inflation. Hinreichend bekannt ist, dass Banken so gut wie keine Zinsen zahlen. Auch das ist dem schlechten Euro zu verdanken. Er enteignet die Bürger in der Euro-

Zone in jeder Hinsicht und im Besonderen mit Blick auf die private Altersvorsorge von Millionen von Europäern. Sie wähnen sich heute noch in Sicherheit. Doch wenn sie irgendwann in Rente gehen, werden sie merken, dass von ihren Einzahlungen so gut wie gar nichts übriggeblieben ist. Dann ist es zu spät. Die Politik und die Banker, die diesen Wahnsinn zu verantworten haben, leben dann schon im Ausland, versorgt mit einer staatlichen Pension, von der normale Rentner nur träumen können. Für ihr Fehlverhalten können sie nicht mehr zur Rechenschaft gezogen werden.

Das für sich genommen ist schon schlimm genug. Doch es geht noch schlimmer. So strebt die Europäische Zentralbank (EZB) eine Gesamtinflation von knapp zwei Prozent an. Ein Blick auf die Zahlen macht deutlich, was das für Ihr Sparbuch-Vermögen ohne Zinsen bedeutet. Wer heute 10.000 Euro anlegt, verliert innerhalb von zehn Jahren rund 1.800 Euro Kaufkraft. Natürlich erhält er am Auszahlungstag 100 x 100 Euro-Scheine in die Hand gedrückt. Doch kann er dafür nur noch Waren im Gegenwert von 8.200 Euro kaufen. Anders ausgedrückt: In zehn Jahren steigen die Preise auf 12.200 Euro, während sich das nominale Sparbuch-Guthaben von 10.000 Euro aufgrund der ausbleibenden Zinsen nicht verändert hat. Das bedeutet Folgendes: Heute kostet ein Auto Ihrer Wahl 10.000 Euro. Diesen Betrag investieren Sie nicht ins Auto, sondern legen ihn aufs Sparbuch. Nach zehn Jahren kostet dieses Auto aufgrund der Inflation 12.200 Euro, was umgerechnet heute 10.000 Euro sind. Wenn Sie dieses Auto in zehn Jahren kaufen wollen, müssen Sie 12.200 Euro dafür auf den Tisch legen. Somit fehlen Ihnen 2.200 Euro – da die Banken keine Zinsen zahlen, während die Inflation aber weiterhin ihren schlechten Dienst verrichtet.

Weil nur wenige diesen Zusammenhang erkennen, haben sie keine Vorstellung von dieser Entwicklung. Genau aus diesem Grund haben die Institutionen, die mit Geld-Beratungen ihr Einkommen bestreiten, so leichtes Spiel mit ratsuchenden Kunden. Diese können sie buchstäblich für dumm verkaufen. Wenn die Betroffenen es merken, sind diese Berater und Politiker verschwunden und sie selbst arm.

Dieses Problem haben Networker nicht. Nehmen wir an, Sie steigen heute in dieses gewinnbringende System ein. Es schützt Sie nicht nur vor einer Währungsreform, sondern auch vor einer Inflation. Unterstellt, der Produkt-Bestseller Ihres Partner-Unternehmens kostet 100 Euro. Der Einfachheit halber unterstelle ich an dieser Stelle, dass Sie im Durchschnitt (Eigen-Geschäft und Umsatz Ihrer Organisation) 15 Prozent daran verdienen. Das sind 15 Euro. Mit Blick auf eine von der EZB gewollte Inflationsrate von zwei Prozent würden in zehn Jahren aus diesen 15 Euro in etwa zwölf Euro geworden sein. Ein Verlust von drei Euro für Sie. Doch weil Ihr Partner-Unternehmen, wie alle anderen Unternehmen dieser Welt auch, die Inflationsrate in seine Verkaufspreise einpflegt, kostet das heutige 100 Euro-Produkt in zehn Jahren etwa 122 Euro. Darauf bekommen Sie 15 Prozent. Das sind 18,30 Euro. Das bedeutet, dass Ihre heutige Provision von 15 Euro jedes Jahr um zwei Prozent steigt. Nach zehn Jahren sind es 18,30 Euro. Deshalb haben Sie keine Inflations-Nachteile zu befürchten.

Sie sehen – Inflation ist für Networker kein Thema. Sie verdienen zu jeder Zeit.

Network-Marketing potenziert Lebenszeit

Wie Sie gelesen haben, ist uns heutigen Menschen eine deutlich längere Lebenszeit beschert als Generationen vor uns. Doch ändert das leider nichts daran, dass der Tag 24 Stunden und die Woche sieben Tage hat. Wer reich werden will, braucht mehr Zeit pro Tag. Was, augenscheinlich, nicht möglich ist. Irrtum – Achtung: Flamingo! Mithilfe von Network-Marketing ist genau das möglich. Selbst wenn Sie z. B. nur zehn Stunden pro Woche investieren, können Sie für 300 Stunden und mehr bezahlt werden.

Für gewöhnlich tauschen Menschen ihre Zeit gegen Geld. Sie arbeiten z. B. acht Stunden pro Tag und erhalten dafür einen Stundenlohn von z. B. 20 Euro. Ihr Bruttoeinkommen beträgt damit pro Tag 160 Euro. Wenn sie eine Stunde länger arbeiten, verdienen sie an diesem Tag 180 Euro. Arbeiten sie eine Stunde weniger, reduziert sich ihr Tagesverdienst auf 140 Euro. Da ihr Geist nicht aber ihr Körper grenzenlos arbeiten kann, ist allein schon deshalb die Arbeitszeit gedeckelt. Auf Dauer kann keiner zehn Stunden und länger pro Tag über Jahre arbeiten.

Die andere Gruppe der arbeitenden Bevölkerung ist die der selbstständigen Unternehmer. Sie multiplizieren ihre Arbeitszeit. Sie arbeiten selbst und ständig. Insofern unterscheidet sich diese Art des Geldverdienens nicht von einem angestellten Mitarbeiter. Die Klügsten unter den Verdienern sind die, die nach dem Prinzip des einst reichsten Mannes, Jean Paul Getty, handeln: *„Ich verdiene lieber ein Prozent an einer Arbeitsleistung von 100 Leuten, als 100 Prozent mit meiner eigenen Arbeitskraft.“* Dafür steht Network-Marketing.

forever living rich

In Ihrem Team stehen Sie an der Spitze (Sie). Gemäß der unteren Grafik haben Sie drei Personen (VP) so begeistert, dass diese in Ihr Team eingestiegen sind. Diese Personen begeistern ihrerseits Menschen, die Sie nicht persönlich kennen. Doch schreiben sich diese Menschen (VP 1A/VP 1B usw.) ein – sie bauen sich somit ihre eigene Organisation auf. Da auch die Menschen innerhalb dieser neuen Organisation von Ihrem Partner-Unternehmen und Ihren Produkten überzeugt sind, folgen sie dem Beispiel und begeistern so weitere Menschen. Dadurch entsteht eine solche Struktur.

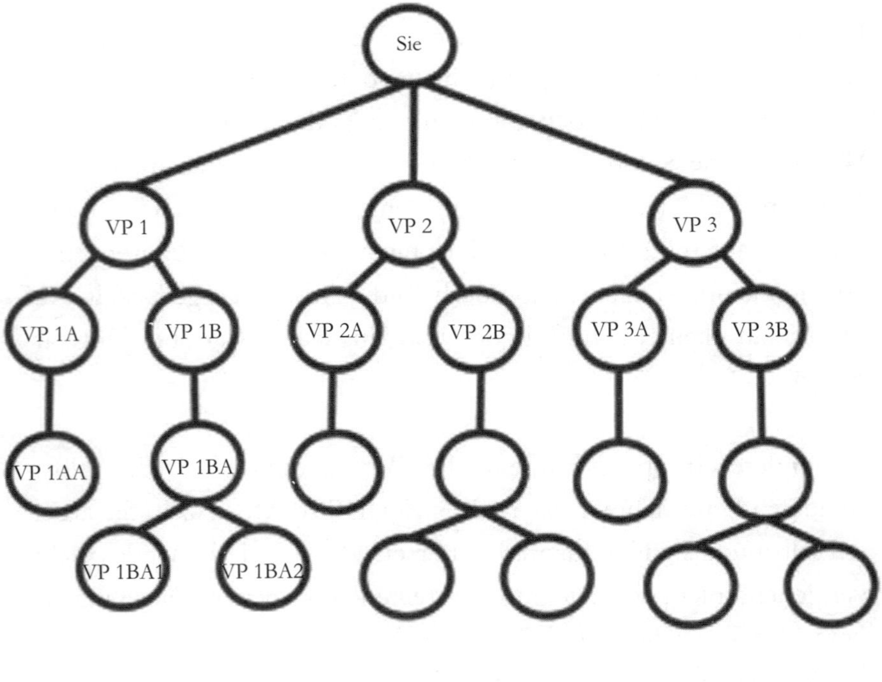

Durch dieses System ist es möglich, Ihre Lebens-Arbeitszeit zu potenzieren.

Angenommen, Sie investieren täglich zehn Stunden. Bei einer Downline (hier dargestellt als VP1/VP2/VP3 usw.) von drei Führungskräften mit einer Upline (VP1A/VP1B) von je drei Networkern potenzieren Sie somit Ihre Zeit auf mehrere Hundert Stunden. Erhöht sich die Zahl Ihrer Partner, erhöht sich – im bildlichen Sinne – die Zahl Ihrer „bezahlten" Stunden ohne das Sie selbst mehr Zeit investieren müssen.

Sie arbeiten selbst zehn Stunden, werden
aber für Hunderte bezahlt!

Das ist wie, eine Gans im Stall zu haben, die goldene Eier legt. Zudem gibt es in diesem System nach oben keine Grenze. Denn jeder Networker innerhalb Ihrer Struktur hat die Möglichkeit, seine eigene Downline aufzubauen, die unter Ihrer Downline aufgehängt ist. Mit anderen Worten: Jeder neue Networker innerhalb Ihres Systems erhöht automatisch Ihr Zeitkonto. Wie heißt es doch so schön: „Zeit ist Geld." Zudem kann er Sie in Sachen Umsatz und Vertriebspartner „überholen". Deshalb gibt es keine Grenze nach oben. Das ist der eine positive Effekt in diesem System. Der andere ist, dass jeder in Ihrem Team Sie in Sachen Einkommen überholen kann. Was für Sie nie ein Problem ist. Solange er für Ihr Partner-Unternehmen tätig ist, so lange ist er in Ihrer Organisation, sodass Sie an jedem Umsatz, den dieser „Überholer" tätigt, beteiligt sind.

Weil die vorherige Grafik die Struktur einer Pyramide aufweist, brandmarken Laien Network-Marketing häufig als Pyramiden- oder Schneeballsystem. Das ist für jeden Networker eine ungeheure Behauptung, da er stets in guter Absicht handelt. Nicht so wie die Beteiligten in einem Pyramiden- und Schneeballsystem. Diese fußen auf Betrug, weil nur die Initiatoren, die von Anfang an dabei sind, Geld verdienen und die Menge neuer Partner rein rechnerisch begrenzt ist. Zudem gibt es hier keine Produkte, die verkauft werden könnten. In einem Schneeballsystem werden Kopfprämien gezahlt. Bezahlt wird für neue Teilnehmer, die diesem illegalen System beitreten. Beim Network-Marketing stehen das Produkt und die Dienstleistung im Vordergrund. Networker werden für getätigte Umsätze und nicht für das Einschreiben neuer Partner bezahlt. Networker verdienen nur dann, wenn ihre Kunden die Produkte des Partner-Unternehmens selbst kaufen. Dieser Kunde kann, muss aber nicht, sich als Networker einschreiben – er entscheidet selbst. Darüber hinaus wird eine Mitarbeit in einem Network-Marketing-Unternehmen nie vom Kauf des Produktes abhängig gemacht. Man kann Kunde in einem Network-Unternehmen sein oder nur Vertriebspartner. Im Idealfall ist man beides, was aber, wie erwähnt, nicht zwingend ist. Das eine ist nicht vom anderen abhängig.

Im nächsten Kapitel „Blaupause“ lesen Sie, warum Network-Marketing so erfolgreich ist. Hierzu möchte ich an dieser Stelle etwas vorgreifen. Network-Marketing funktioniert, weil die Networker die Produkte ihres Partner-Unternehmens verwenden. Deshalb sind sie in der Lage, anderen über ihre positiven Erfahrungen zu berichten. Was wiederum dazu führen kann, ihre eigene Struktur aufzubauen. Wer nicht die Produkte seines Partner-Unternehmens einsetzt, der handelt wie ein Auto-Verkäufer, der weder einen Führerschein hat noch über Autos verfügt. Networker leben, worüber sie sprechen.

Natürlich gibt es auch „schwarze Schafe“ in unserer Branche, so wie es sie in jeder Branche gibt. Das stelle ich nicht in Abrede. Aber nur weil eine Minderheit jeden gebotenen Respekt verliert und die Menschen betrügt, ist doch nicht das ganze System verrufen. Mit Blick auf die „modernen Medien“, die, so scheint es, fast jede negative Meinung medial ausschlachten, richtet sich mein Appell, einmal mehr genauer hinzuschauen. Die Vorteile überwiegen und die gilt es zu sehen. Nur so lässt sich die sprichwörtliche Spreu vom Weizen trennen. Denn wenn Sie nur einen Tropfen Altöl in ein Fass mit eintausend Liter reines Wasser tropfen lassen, ist es im weitesten Sinne nicht mehr zu genießen. Ein Tropfen reicht aus, um Millionen anderer Tropfen zu verunreinigen. So in etwa müssen Sie sich die Situation in einer zu Unrecht in Verruf geratenen Branche vorstellen. Oft reicht die Meinung eines Einzelnen aus, um eine ganze Branche quasi über Nacht in Misskredit zu bringen.

Network-Marketing ist eine Blaupause

Network-Marketing funktioniert nach dem Prinzip: „Je mehr du gibst, desto mehr bekommst du zurück." Das ist die „Geld-Druckmaschine" par excellence. Kein anderes Einkommenssystem arbeitet so erfolgreich. Network-Marketing arbeitet nach einer Blaupause, d. h., das erfolgreiche System ist einfach und kopierbar.

Ein Möbel-Restaurator kann seine Leistung nur persönlich erbringen. Selbst wenn er andere in seine Arbeitstechnik einweihen würde, bliebe er am Ende „der Meister", nach dem die Kunden verlangen. Da auch sein Tag nur 24 Stunden hat, sind seine Möglichkeiten, unternehmerisch zu wachsen, begrenzt. So kann kein echtes Wachstum stattfinden. Zudem läuft er Gefahr, dass ihm seine Gutmütigkeit im Hinblick auf Ausbildung und Wissensvermittlung nicht gedankt wird. Im schlimmsten Fall wird er sogar übervorteilt. Mit jedem Mitarbeiter, den er ausbildet, baut er sich im schlimmsten Fall sogar einen Konkurrenten auf. Ein Problem in fast jeder Branche.

So müht sich z. B. der Vermögensberater mit eigenem Büro über Jahre, einen Mitarbeiter qualifiziert auszubilden. Schritt für Schritt überträgt er dem Nachwuchs wichtige Aufgaben. Aus dem anfänglich Unwissenden wird mit der Zeit ein Profi, der alle Tricks und Kniffe der Branche kennt. Natürlich kennt er auch die Kunden- und Interessentendatei seines Arbeitgebers. Eines Tages passiert das Unvermeidliche. Der vom Vermögensberater perfekt ausgebildete Mitarbeiter verlässt sein Unternehmen. Nun erkennt der „Ausbilder", dass er sprichwörtlich eine Schlange an seiner Brust genährt hat. Sein ehemaliger Novize, jetzt Experte, macht sich zu allem Überfluss am selben

Ort selbstständig. Dafür nutzt er, auch wenn es nicht rechtens ist, vielleicht sogar die Adressen und Kontakte seines Ex-Arbeitgebers. Das Nachsehen hat „sein Ausbilder“, der sich durch sein Engagement im übertragenen Sinne selbst das Wasser abgegraben hat und fortan mit einem weiteren Konkurrenten um die Gunst der Kunden buhlen muss.

Hier zeigt sich, dass in klassischen Vertriebssystemen diejenigen bestraft werden, die andere erfolgreich machen. Genau das passiert im Network-Marketing nicht. Hier wird der bestraft, der andere nicht ausbildet. Je besser die Ausbildung, desto größer ist am Ende der Verdienst des Ausbilders. Deshalb ist es im Network-Marketing auch möglich, seinen einstigen Ausbilder zu überholen und so viel mehr Geld als er zu verdienen. Dennoch verdient der Ausbilder zu jeder Zeit mit. Man kann ihn zwar überholen, nicht aber aus seiner Struktur austreten. Somit wird das Engagement des Ausbilders sozusagen bis ans Ende aller Zeiten belohnt.

Mit meinen Ausführungen könnte ein falscher Eindruck entstehen. Sie könnten annehmen, dass es beim Network-Marketing auch nur darum geht, möglichst viele Partner einzuschreiben, um daran zu verdienen. Dieser Gedanke ist nicht ganz falsch. Doch, wie im vorherigen Kapitel erwähnt, wird kein Networker für die Einschreibung von Personen entlohnt (Network-Marketing zahlt keine Kopfprämie). Nur wenn Produkte verkauft werden, fließt Geld. Je mehr Partner Sie in Ihrer Organisation haben, desto größer ist Ihr Umsatz durch Produktverkauf und damit Ihr Einkommen. Deshalb sind neue Partner mit Blick auf Produkt-Umsatz wichtig.

Im Kapitel „Die sieben wichtigsten Erfolgs-Bausteine“ haben Sie zudem lesen können, dass der Erfolg unseres Geschäftsmodells nicht auf „verkaufen“, sondern auf Empfehlungen basiert. Daraus entsteht das persönliche Konsumenten-Netzwerk, welches für ein lebenslanges Einkommen steht. Deshalb erwartet niemand von Ihnen, dass Sie nun aktiv nach außen treten, um Produkte sozusagen im Face to Face-Gespräch zu verkaufen. In unserem Business geht es darum, das Verhalten der Konsumenten zu verändern. Diese sollen ihr Geld nicht weiterhin den Firmen geben, die einzig vom Verkauf der Produkte leben und die Gewinne unter sich aufteilen.

Wir im Network-Marketing wollen genau das nicht.

Unsere Mitglieder sollen günstiger einkaufen und gleichzeitig damit Geld verdienen. Das gelingt, weil sie zum einen die Produkte des Partner-Unternehmens selbst verwenden und zum anderen an Dritte weiterempfehlen. Sobald sich die so Angesprochenen eingeschrieben haben, kommen sie in den Genuss günstigerer Preise und die Empfehler in den Genuss eines Zusatz-Verdienstes. Sind diese Konsumenten von diesen Produkten nun aufgrund eigener Erfahrungen begeistert – wovon auszugehen ist, sonst hätten sie sich wohl kaum eingeschrieben – dann werden sie ihre Begeisterung auf andere übertragen. Sie werden ihnen nahelegen, sich selbst einzuschreiben, um in den Genuss aller Vorteile zu kommen. Dadurch entsteht Schritt für Schritt ein einzigartiges Konsumenten-Netzwerk, welches zu einem beträchtlichen Einkommen führen wird.

Nach diesem Ur-Prinzip funktioniert Network-Marketing.

Es geht nicht darum, wie ein Staubsauger-Vertreter (meinen Respekt vor dieser Berufsgruppe) von Haustür zu Haustür zu ziehen. Network-Marketing verfolgt zwei Ziele:

1. Die in diesem System Aktiven sollen Qualitätsprodukte zu günstigeren Bedingungen einkaufen.

2. Sie sollen für ihre Weiterempfehlungen finanziell „belohnt“ werden.

Mit diesem System schwatzen Sie niemanden etwas auf. Sie geben jedem die Chance, Ihr Angebot auf Herz und Nieren zu prüfen.

Fairer geht es nicht.

Darüber hinaus gibt es klare Konditionen und Preise, die nicht verhandelbar sind. Wir orientieren uns stets am festgelegten Verkaufspreis des Partner-Unternehmens. Das ist unser großes Plus gegenüber dem Online-Handel. Der lebt fast ausschließlich davon, die Preise der Hersteller so weit zu unterbieten, dass der Interessent bei ihm und damit nicht beim Online-Wettbewerber kauft. Damit der „billige Anbieter“ dieses Geschäft für sich entscheiden kann, muss er nur eins erfüllen: beim Preis günstiger sein als der Rest. Das wiederum bedeutet, dass er auch die geringste Handelsspanne erhält. Genau die aber braucht er, um sein Unternehmen am Leben halten zu können. Je geringer sie ausfällt, desto schwieriger wird es, kostendeckend zu arbeiten. Umsatz um jeden Preis ist selten sinnvoll.

Das Internet macht es so einfach, den günstigsten Preis über entsprechende Suchmaschinen zu finden. So habe ich nach einem bestimmten Smartphone gesucht und dabei dieses Ergebnis erhalten:

498 Angebote

879,99 – 1.902,81 €

Es gibt rund 500 „Anbieter“ (bzw. Angebote) für ein und dasselbe Produkt. Der teuerste verlangt 1.900 Euro, der günstigste „nur“ 880 Euro (gerundet). Der günstige Anbieter unterbietet um rund 53 Prozent. Das bedeutet doch nichts anderes, als dass der teuerste Anbieter etwa 47 Prozent mehr Gewinn für sich verbuchen kann. Wie viel davon beim günstigsten Anbieter hängen bleibt, vermag ich nicht zu sagen. Doch mein Gefühl sagt mir, dass es nur ein paar Euro sein können. Denn dem Hersteller ist es egal, wer wie und zu welchem Preis sein Produkt verkauft. Er hat seinen „Verkaufspreis“, der für alle gilt, weshalb er stets den Preis erhält, den er einmal festgelegt hat. Wenn seine Kunden (in diesem Fall die Händler) meinen, sich durch wilde Rabatt-Schlachten auf dem Markt behaupten zu wollen, ist das ihr Problem und nicht das des Herstellers. Dennoch eint alle Verkäufer dasselbe Schicksal: Personalkosten, Miete für Geschäftsräume und Lager, Versandkosten, Werbe- und Marketingkosten usw. werden aus dem Umsatz bezahlt. Ich will damit sagen, dass auch der billigste Anbieter mit Kosten zu kämpfen hat wie der teuerste. Das kann auf Dauer nicht gutgehen, und zwar branchenübergreifend.

Nur beispielhaft erwähne ich an dieser Stelle ein Unternehmen, das in seiner Entwicklung für viele andere steht. Es zeigt, wie eng Erfolg und Misserfolg im Online-Handel beieinanderliegen. In diesem Fall meldete Lesara nach nur fünf Jahren Insolvenz an. Fünf Monate vor der

Insolvenz weihte es noch in Erfurt ein neues Logistikzentrum ein. So schnell kann es (leider) gehen. Die Baukosten lagen bei 40 Millionen Euro[33]. Nach einer Studie des Instituts für Handelsforschung werden 90 Prozent aller reinen Online-Shops nicht überleben[34]. Eine solche Quote wird es im Network-Marketing nicht geben. Zum einen, weil wir kein Preis-Dumping betreiben. Zum anderen, weil dahinter ein System steht, das nicht auf „Einmal-Geschäft" fußt, sondern auf ein lebenslanges.

So putzen wir uns z. B. im besten Fall dreimal täglich die Zähne. Dafür brauchen wir neben einer Zahnbürste eine Zahnpasta. Wir haben hier die Qual der Wahl aufgrund der vielen Anbieter. Doch einer unter ihnen ist der größte. Dieses Unternehmen eilt mit seiner Zahnpasta (und anderen Produkten) von einem Gewinn zum nächsten, was sich positiv auf den Aktienkurs auswirkt. Lag dieser im Jahr 2000 bei rund 20 Euro, so sind es 2019 fast 80 Euro. In weniger als 20 Jahren stieg der Kurs um 300 Prozent:

Selbiges ist zu beobachten bei einem weltweit aufgestellten Konzern für Waschmittel und Haushaltsmittel. Auch hier stieg der Aktienkurs in weniger als 20 Jahren um fast 300 Prozent.

Ähnlich verlief der Aktienkurs eines deutschen börsennotierten Pharma- und Laborzulieferers. Diese Aktie legte von 2000 bis 2019 um 6.400 Prozent zu!

Ich könnte die Liste außergewöhnlicher Kursentwicklungen beliebig weiterführen. Doch warum sollte ich? Jeder Konsument, der diese Produkte kauft, erhöht den Gewinn dieser Aktiengesellschaften. Das macht sie zum einen reicher und zum anderen die Aktionäre.

Klassischer Vertriebsweg:

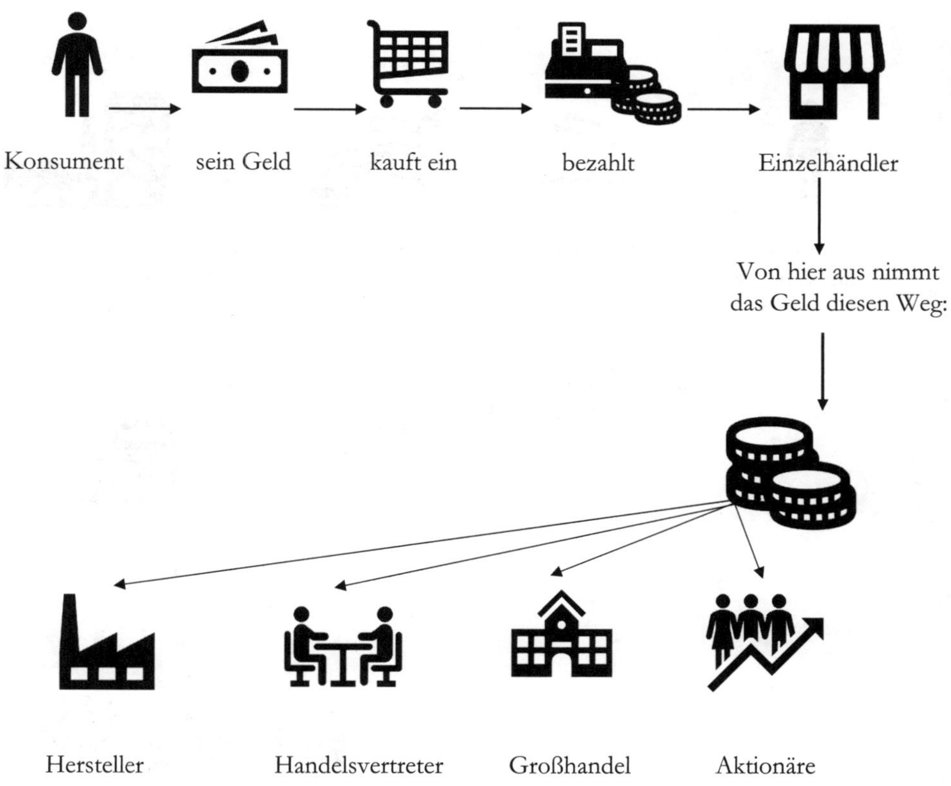

Network-Marketing macht nicht Aktionäre reicher, nur weil sie Aktien am Unternehmen besitzen und selbst keinen Handschlag tun. Network-Marketing sorgt dafür, dass die Konsumenten Qualitätsprodukte direkt vom Hersteller erwerben und die Networker daran mitverdienen. Ein Leben lang.

Vertriebsweg Network-Marketing:

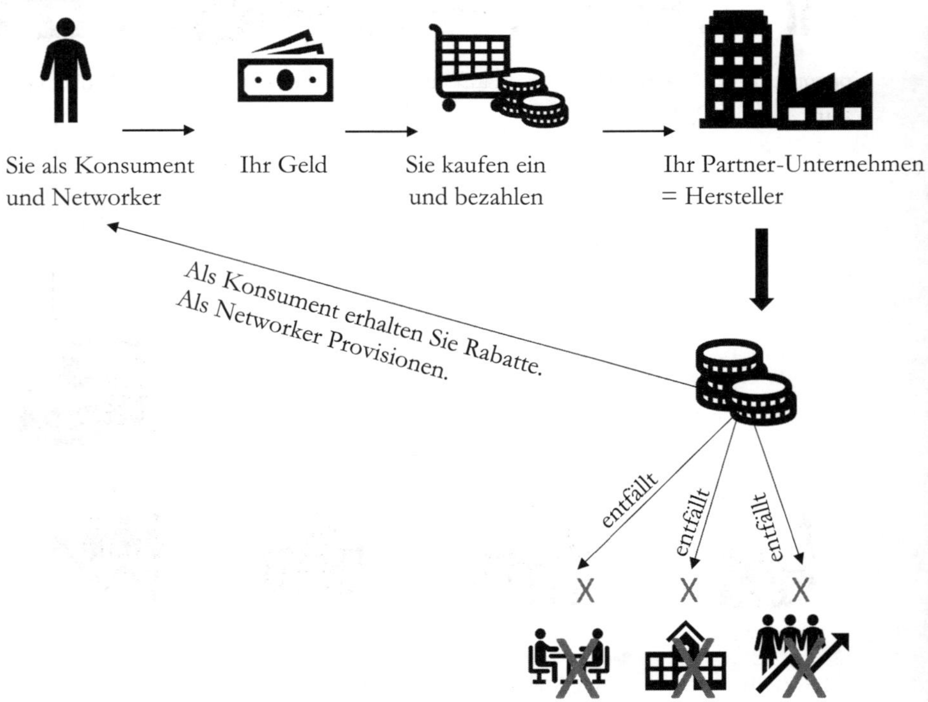

Statt in verschiedene Kanäle fließt das Geld anteilig direkt an den Konsumenten zurück und in Form von Provisionen an den Networker.

Mit Blick auf einen Kunden haben Sie sich gekümmert. Sie haben sich engagiert. Dieser Kunde hat sich für Ihr Produkt, für Sie als Dienstleister und für Ihr Partner-Unternehmen entschieden. Nutzt er die Produkte dauerhaft, wird er sie stets nachbestellen, sobald sie zur Neige gehen. Mit jeder dieser Bestellungen, für die Sie nicht mehr aktiv haben arbeiten müssen, fließt anteilig eine Umsatz-Provision auf Ihr Konto (daher die Bezeichnung „passives Einkommen"). Ihr einmaliges Engagement zahlt sich ein Leben lang aus.

Eine bessere Rendite gibt es auf der Welt nicht.

Dafür steht Network-Marketing. Statt Konsumenten auf viele Anbieter zu verteilen, bündeln wir die Aktivitäten innerhalb des Systems. Damit werden zum einen die Produkte günstiger, zum anderen verdient jeder mit jeder Bestellung.

Sie haben es in der Hand. Sie ganz allein. Schreiben Sie Ihre eigene Kurs-Geschichte. Starten Sie noch heute mit Ihrer ICH-AG im Network-Marketing und werden Sie so zu Ihrem Hauptaktionär, der seinen „Kurs" direkt selbst bestimmt.

So könnte sich der Kurs Ihrer ICH-AG entwickeln:

Ich bin davon überzeugt, dass Ihre „ICH-AG“ im Network-Marketing sich so entwickeln wird. Einfach deshalb, weil es keine gesättigten Märkte gibt. Als alle Männer Hosenträger trugen, brachte ein Unternehmer Gürtel auf den Markt. Als die Menschen Pferde ihr Eigentum nannten, kam das Auto. Auch die Digitalisierung wird daran nichts ändern. Zwar wird die Zahl der Arbeitsplätze extrem sinken, doch werden neue Produkte und Ideen die Menschen reich machen, die die Zeichen der Zeit erkannt haben.

Die Ursprünge des Network-Marketings gehen zwar bis in das 19. Jahrhundert zurück. Doch den Durchbruch erlebte es in den 1930er-Jahren in Amerika. Seit dieser Zeit kann erst vom echten Network-Marketing gesprochen werden. Seit 90 Jahren also geht es hier bergauf, und daran wird sich auch nichts ändern. So lebten um 1950 rund

2,54 Milliarden Menschen auf dieser Erde. 2017 sind es bereits über 7,5 Milliarden. Mit anderen Worten: Der Markt wächst gigantisch!

Entwicklung der Weltbevölkerung:

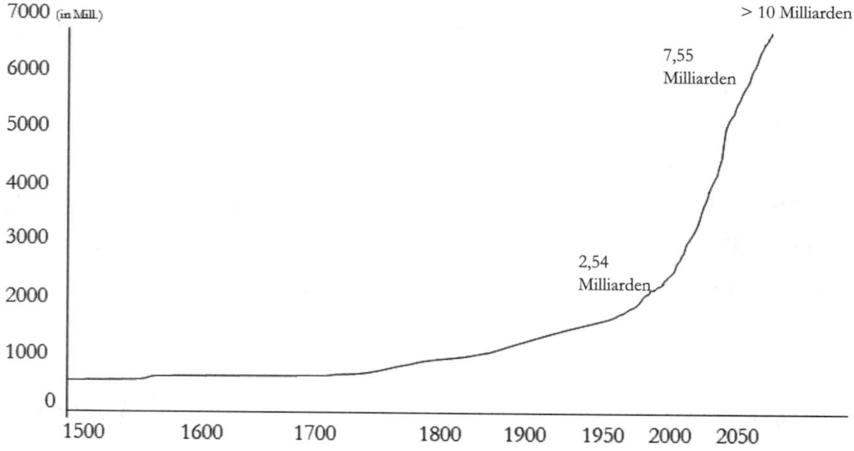

Damit hat sich die Zahl fast verdreifacht. Studien gehen davon aus, dass im Jahr 2050 über zehn Milliarden Menschen auf dieser Erde leben werden. Sie alle werden konsumieren, um zu überleben. Also brauchen sie im Besonderen Networker, die ihre Bedürfnisse befriedigen.

Das allein schon wäre für mich ein Grund, sofort ins Network-Marketing einzusteigen. Doch der Markt ist noch gigantischer, wie ich Ihnen gerne beweisen möchte.

Frauen und Rente:

Einer Studie[35] zufolge werden voraussichtlich 75 Prozent der heute 35- bis 50-jährigen Frauen in Deutschland von Altersarmut betroffen sein. Network-Marketing hilft ihnen, ihre Altersarmut zu verhindern.

Rente im Allgemeinen:

Weil die Menschen immer länger leben, steigt auch die Rentenbezugszeit. 1960 lag diese bei knapp zehn Jahren. Der heutige Rentner kann rund 17 Jahre seine Rente genießen. Ein heute 65-jähriger Mann wird voraussichtlich 80 Jahre alt, eine gleichaltrige Frau 84 Jahre alt. Jungen, die heute geboren werden, haben eine Lebenserwartung von 100 Jahren, Mädchen von 105 Jahren[36]. Folglich steigt die Rentenbezugszeit, während die Zahl der beitragszahlenden Arbeitnehmer dramatisch sinkt. Das hat verheerende Auswirkungen:

Anteil der Rentenempfänger im Verhältnis zu den beitragszahlenden Arbeitnehmern

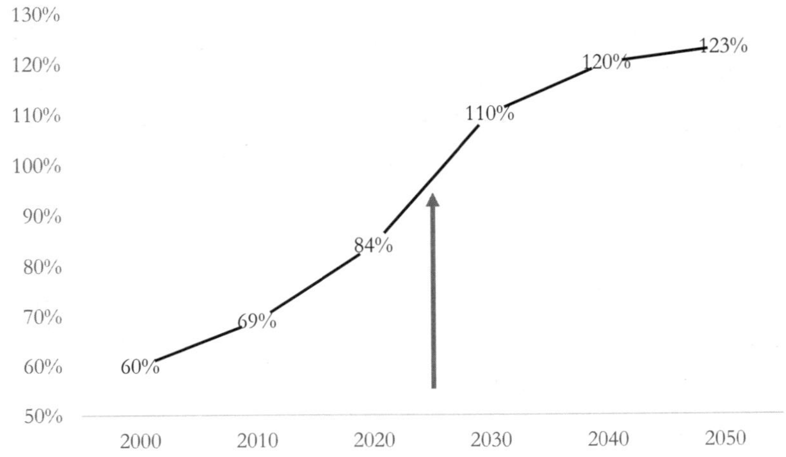

(Quelle: Deutsches Institut für Altersvorsorge)

Der Scheitelpunkt ist in etwa 2025 erreicht. Dann gibt es genauso viele Rentenempfänger wie Beitragszahler. Weil genau das nicht funktioniert (es wird weniger eingezahlt als ausgezahlt wird), sinken seit Jahren die Rentenbezüge, wird das Eintrittsalter angehoben und Steuern auf die gesetzliche Rente fällig. Das alles führt zu einer sehr niedrigen Rente, von der niemand im Alter wird leben können. Auch die private Altersvorsorge wird daran nichts ändern, da die Förderprogramme auf Geldwerte und nicht auf Sachwerte setzen. Wie die Vergangenheit eindrucksvoll belegt, war Geld noch nie sicher.

Menschen und ihr Körpergewicht:

Nicht nur die Deutschen waren noch nie so dick wie heute. 59 Prozent der Männer und 37 Prozent der Frauen sind übergewichtig. In der Altersklasse der Berufstätigen ist das Dicksein heutzutage so weit verbreitet, dass es keine Ausnahme mehr darstellt, sondern der Normalzustand ist[37]. Network-Marketing bringt Menschen nicht nur in Bewegung. Es hat auch die entsprechenden Produkte, um das Körpergewicht zu regulieren.

Arbeitsplatz und Digitalisierung:

Nach einer Studie[38] wird es in den kommenden Jahren durch die zunehmende Automatisierung zu gravierenden Veränderungen auf dem Arbeitsmarkt kommen. Roboter werden zukünftig verstärkt den Menschen als Arbeitskraft ersetzen oder sich einen Arbeitsplatz mit ihm teilen. 18,3 Millionen Arbeitsplätze sind allein in Deutschland innerhalb der nächsten zehn bis 20 Jahre durch die „Robotisierung" bedroht. Mit Blick auf die Zahl der heute Beschäftigten wären das fast 40 Prozent, die davon betroffen wären. Wer im Network-Marketing tätig ist, hat dieses Problem nicht. Betroffen sind überwiegend Berufe, deren Tätigkeit automatisiert werden kann. Führungskräfte, Akademiker in wissenschaftlichen und kreativen Berufen sowie Experten werden ebenfalls nicht betroffen sein, weil sie nicht durch Roboter ersetzt werden können. Dasselbe gilt für Network-Marketing. Auch hier werden Roboter niemals eine Chance haben. Deshalb ist dieser Berufsstand so sicher.

<u>Menschen und Einsamkeit:</u>
Der Verlust von Geborgenheit und menschlicher Nähe ist gefährlicher als Alkoholismus oder Fettsucht, wie zahlreiche Studien beweisen. Zudem bestätigt sich ein erschreckender Trend. Danach ist jeder zehnte Deutsche einsam. Im Alter ab 85 ist es sogar jeder fünfte. Prof. Dr. Julianne Holt-Lunstad von der Brigham Young University fand in ihren Studien[39] heraus, dass, verglichen mit vielen gut untersuchten Gesundheitsrisiken, soziale Isolation und Einsamkeit die größten Risiken für einen frühen Tod sind. Network-Marketing ist kein „einsames“ System, sondern eins, in dem sich Menschen treffen, gedanklich austauschen, reden, feiern, arbeiten und vieles andere mehr. Networker haben die Chance auf ein langes Leben.

<u>Menschen und Burn-out:</u>
Wir reden als Familienvorstand stets davon, mehr Zeit mit unseren Lieben verbringen zu wollen. Das ist gut und wichtig. Genauso wichtig ist aber auch die Zeit, die wir mit uns selbst verbringen. Fehlt es daran, kann es schnell zu einer Überforderung kommen. Das sich inzwischen jeder zweite Bundesbürger von Burn-out bedroht fühlt, ist deshalb kein Zufall. Sechs von zehn Befragten klagen zumindest gelegentlich über typische Burn-out-Symptome wie anhaltende Erschöpfung, innere Anspannung und Rückenschmerzen. Nach einer

Umfrage fühlen sich fast neun von zehn Deutschen von ihrer Arbeit gestresst. Das hat natürlich Auswirkungen auf die Psyche. Wer mit seiner Arbeit hadert, der hat den Kopf nicht frei für die schönen Dinge im Leben. Dazu gehört an erster Stelle die Familie. Für diese ist wichtig, dass Sie mit Herz, Geist und Seele anwesend sind und nicht nur körperlich. Letzteres ist dann der Fall, wenn Sie nicht abschalten können, weil Sie über Ihre Arbeit grübeln, Angst vor Mobbing haben, Sorgen um den Betrieb, und deshalb schlecht schlafen. Es ist nicht Ihr Körper, der Sie als Menschen ausmacht, sondern Ihre Ausstrahlung. Wenn Sie gedanklich irgendwo sind, können Sie nicht gleichzeitig bei Ihrer Familie sein. Täuschen Sie sich da nicht. Sie können diesen Zustand nicht überspielen. Kinder spüren sehr genau, wie es um Ihre Seele bestellt ist.

<u>Menschen und Beruf:</u>

Der Deutsche Städte- und Gemeindebund sieht angesichts des Booms des Onlinehandels bis zu 50.000 Läden in Innenstädten in Gefahr. Mit anderen Worten: Die Angestellten verlieren ihren Arbeitsplatz, weil die Konsumenten lieber on- als offline einkaufen. Dieser Trend erfasst so gut wie alle Einzelhändler, was wiederum bedeutet, dass die entlassenen Mitarbeiter kaum noch eine Chance auf einen neuen unbefristeten Vollzeit-Job haben.

<u>Menschen und Wohnen:</u>

Fast jeder zweite Großstadtbewohner (48 Prozent) gibt an, Schwierigkeiten zu haben, bezahlbaren Wohnraum zu finden. Sie durchleben die Phase der „Brotpreise“. Letztere haben über Jahrhunderte das Leben der Menschen bestimmt. Noch vor zweihundert Jahren musste eine Familie in Berlin fast drei Viertel des Familieneinkommens für ihre Ernährung ausgeben. Allein die Hälfte davon für Brot. Inzwischen sind Lebensmittel so günstig geworden, dass nur noch rund zehn bis zwölf Prozent dafür ausgegeben werden müssen. Das alles wäre ein Freudenfest, stünden dagegen nicht die Preise für Mieten und Energie. In etlichen Großstädten frisst die Miete inzwischen das Familieneinkommen auf. Weil mehr als die Hälfte der Bundesbürger zur Miete wohnt, birgt das sozialen Sprengstoff in sich. Networker, die zur Miete wohnen, können sich dieser Entwicklung nicht entziehen. Doch da sie mehr Geld verdienen als der Durchschnitt, sind sie in der Lage, die steigenden Kosten bezahlen zu können.

Sie sind doch als Sieger geboren

Mit meinen Ausführungen nähere ich mich nun dem Ende. Wenn Sie dieses Buch bis hierher gelesen haben, dann wissen Sie, warum Network-Marketing so unendlich viele Menschen in die finanzielle Unabhängigkeit geführt hat. Doch bei aller Euphorie darf dabei nicht übersehen werden, dass dieses einzigartige System im Besonderen auch deshalb so erfolgreich ist, weil es sich an Gewinner richtet.

Sie sind ein Gewinner!

Stopp! Bevor Sie vor Stolz nach vorne kippen, eine Einschränkung: Jeder Mensch ist ein Gewinner – das ist bereits in seiner DNA angelegt. Wäre es anders, er wäre gar nicht auf dieser wunderschönen Welt.

Dass Sie heute hier sind und diesen meinen Ratgeber lesen können, ist ein großartiges Wunder. Denn der körperliche Akt Ihrer Eltern ist das eine, Ihre Strategie das andere. Immerhin haben Sie im Vorfeld einen Weg zurücklegen müssen, gegen den jeder andere auf diesem Planeten einem Spaziergang gleicht. Bis zu 600 Millionen Spermien müssen sich ihren Weg in Richtung Eizelle bahnen, und zwar unter extremen Bedingungen. Das weibliche Immunsystem steht ihnen dabei im Weg. Millionen von Spermien werden dabei getötet, weil das vom Immunsystem gesponnene Spinnennetz so gut wie nichts durchlässt. Die „Sieger" finden eine Lücke und überleben diesen Frontalangriff. Ihre Überlebensstrategie fußt darauf, dass sie mithilfe ihrer Enzyme besagtes „Spinnennetz" zerschneiden und ein Team bilden. Sie wollen um jeden Preis ihr Ziel erreichen, doch der Weg dahin ist lang. Immerhin müssen sie in den nächsten Stunden 20 Zentimeter schwimmend zurücklegen. Im direkten Vergleich entspräche dieses für uns Menschen einer Strecke von 5,8 Kilometern. Diese legen Spermien im Team zurück, weil sie damit doppelt so schnell schwimmen als Einzelkämpfer. Auch wenn es am Ende nur ein Spermium in die Eizelle schafft, so ist bis dahin Kooperation statt Konkurrenz angesagt. Parallelen zum Network-Marketing werden hier sichtbar. Allein kann der Einzelne nicht siegen! Er braucht ein Team.

Wenn Sie heute auf dieser Welt sind, dann können wir daraus zwei Ergebnisse ableiten. Zum einen können Sie sich gut in ein Team einbringen. Zum anderen sind Sie ein Sieger. Immerhin haben Sie als Erster den Weg ins Ziel gefunden und damit die Konkurrenz ausgeschaltet. Das wiederum bedeutet, dass Sie als Sieger geboren wurden und das Siegen in Ihrer DNA liegt. Wenn Sie das alles bereits hinter sich haben, bevor Sie das Licht der Welt erblickt haben, warum nur glauben sie (ich schreibe es jetzt klein, da ich Sie persönlich nicht ansprechen möchte), dass sie mit Blick auf das restliche Leben keine Sieger-Position mehr einnehmen können? Sie haben über 600 Millionen Konkurrenten hinter sich gelassen, sind den längsten Weg gegangen, haben gezeigt, dass Sie teamfähig sind und haben zu guter Letzt den Kampf auf molekularer Ebene gewonnen.

Sie sind ein Sieger!

Dass Sie das bis heute für sich noch nicht entdeckt haben, liegt nicht an Ihnen, sondern an Ihrer Erziehung. Ohne auch nur Erziehungsberechtigten zu nahe treten zu wollen (weil sie stets aus Überzeugung und im Glauben, das Beste für ihre Sprösslinge zu wollen, handeln), komme ich nicht umhin, das dahinterstehende Prinzip zu erklären. Es hat nichts mit dem bekannten Schweinehund zu tun. Dieser soll angeblich in unserem Kopf wohnen und unsere guten Absichten fressen. Wenn wir Sport treiben wollen, dann hält uns dieser Schweinehund zurück, damit wir es uns auf dem Sofa und vor dem Fernseher gemütlich machen. Mag sein, dass es in einigen Fällen so ist. Dennoch ist dieser Schweinehund nicht für den Misserfolg von Menschen verantwortlich, sondern im übertragenen Sinne ein Elefant, der sich in unserem Kopf festgesetzt hat.

Dieses großartige Tier ist um ein Vielfaches größer als ein Hund. Ausgewachsen kann es ein Gewicht von bis zu sechs Tonnen auf die Waage bringen und doch bis zu rund 40 km/h laufen. Kein Mensch könnte dieses Tier aufhalten. Und doch ist es so zahm, dass es sich einfach an eine Kette legen lässt und sich so von einem „kleinen Menschen" führen lässt. Dieses Verhalten ist nicht angeboren, sondern antrainiert. Nach der Geburt wird das junge Elefantenkalb an eine Eisenkette gelegt, um es mehr oder weniger bewegungsunfähig zu machen. Doch Säugetiere verlangen nach Bewegung. Mensch wie Tier. Mit aller Kraft zieht das Kalb an der Kette. Durch dieses Verhalten kommt es weder einen Zentimeter weit noch ist es schmerzfrei. Die Eisenringe rammen sich ins Fleisch und führen so zu schlimmen Wunden – das schmerzt ungemein. Diese konditionieren das Tier. Es lernt, dass jeder Versuch, sich von dieser Kette zu befreien, mit Höllenpein verbunden ist. Diese Erfahrung führt in seinem Gehirn zu neuronalen Verbindungen, die einen Automatismus auslösen. Sobald der Gedanke an Flucht aufkommt, meldet sich das Gehirn und erinnert das Tier an die damit verbundenen Schmerzen. Einfach deshalb, weil es keine andere Erfahrung gemacht hat. Dieses Verhalten ist so sehr im Gehirn verankert, dass es selbst als ausgewachsenes Tier keinen Versuch unternimmt, sich von seinem „Führer“ und einem einfachen Seil zu trennen. Dabei würde nur ein einziger Ruck reichen, und es wäre frei. Es ergibt sich somit in sein Schicksal.

Wir Menschen sind keine Elefanten, aber ähnlich in unserem Habitus. Auch wir werden in jungen Jahren auf ein Verhalten festgelegt. Wir sind zu Beginn unseres langen Lebens fast ausschließlich dem Einfluss der Eltern ausgeliefert. Ein Kind, das in eine Unternehmerfamilie hineingeboren wurde, wird mit an Sicherheit grenzender Wahrscheinlichkeit andere Instruktionen erhalten als ein Kind aus einem Beamtenhaushalt. Ein Kind, welches auf einem Bauernhof geboren wurde, wird einen anderen Blick auf die Natur entwickeln als ein Kind aus einer Zwei-Zimmer-Wohnung in einer Stadt.

Das Sein bestimmt das Bewusstsein!

Niemand kann sich dieser Entwicklung entziehen, da wir als junge Menschen auf die Hilfe anderer angewiesen sind. Wir müssen ihnen vertrauen, um unser eigenes Leben zu sichern. Daran ändert auch die Pubertät nichts. Die Zeit der Rebellion gegen die Eltern ist überschaubar und kurz. Danach wird jeder feststellen, dass es besser ist, mit Menschen zu kommunizieren, als trotzig und stets darauf aus zu sein, mit dem Kopf durch die Wand gehen zu wollen. Da mag man noch so sehr von sich überzeugt sein, doch ohne Menschen kommt kein Mensch aus.

Was immer wir erreicht haben oder noch erreichen wollen, wird immer von anderen Menschen beeinflusst. Ohne andere Menschen können wir kein Ziel erreichen! Network-Marketing verfolgt genau dieser

Erkenntnis: Menschen helfen Menschen. Deshalb sind auch Sie herzlich willkommen. Trennen Sie sich von den Ketten, die Sie bis heute in ein Leben gezwungen haben, das wider Ihre Natur ist. Befreien Sie sich und leben Sie Ihre Sieger-DNA.

Sie haben es sich verdient.

Wenn Sie mögen, dann können wir sehr gerne darüber sprechen.

Herzlichst
Ihr Rolf Kipp

Quellenverzeichnis

1 Welt der Wunder, Ausgabe 3/18S. 26 ff.
2 http://www.haz.de/Sportbuzzer/Themen/Hannover-Marathon/Warum-die-Kenianer-der-Welt-davonrennen
3 https://de.wikipedia.org/wiki/Dow_Jones_Industrial_Average
4 5 Dinge, die Sterbende am meisten bereuen: Einsichten, die Ihr Leben verändern werden; Gebunden, Arkana-Verlag; 978-3442341290
5 http://www.zeit.de/zeit-wissen/2013/02/Psychologie-Gewohnheiten
6 https://de.nachrichten.yahoo.com/blogs/nachgefragt/die-letzten-ihrer-art-vom-aussterben-bedrohte-berufe-074104339.html
7 Broschüre „Digitalisierung und du"; Bundesministerium für Wirtschaft und Energie (BMWI); Stand: März 2016
8 https://e-auto-journal.de/elektromotor-vs-verbrennungsmotor/
9 http://bruegel.org/2014/07/the-computerisation-of-european-jobs/
10 https://commons.wikimedia.org/wiki/File:Opel-bochum-demolition-march-2015.jpg
11 https://commons.wikimedia.org/wiki/Category:Olympia_Werke_AG?uselang=de#/media/File:Malta_-_Valletta_-_Triq_il-Fran_06_ies.jpg
12 https://www.wiwo.de/unternehmen/handel/deutscher-handelsverband-50-000-laeden-in-gefahr-/11653286.html
13 https://de.wikipedia.org/wiki/Selbstfahrendes_Kraftfahrzeug#/media/File:Autonomes_Fahren_in_Bad_Birnbach.jpg
14 https://upload.wikimedia.org/wikipedia/commons/1/14/Google_self_driving_car_at_the_Googleplex.jpg
15 https://onlinemarketing.de/news/online-handel-legt-deutlich-zu
16 https://www.pcwelt.de/ratgeber/Reinfall_mit_fuenf_Sternen_Manipulationsmoeglichkeiten_Einschaetzen_von_Online-Bewertungen-6945329.html
17 https://rp-online.de/leben/gesundheit/news/lebenserwartung-steigt-weiter_aid-15258625
18 https://www.zeit.de/gesellschaft/2017-06/lebenserwartung-studie-armut-reichtum-bildung
19 https://www.fitforfun.de/gesundheit/ungesunde-ernaehrung-wir-essen-uns-zu-tode-180414.html
20 https://www.bpb.de/apuz/30176/warum-die-gesellschaftlichen-verhaeltnisse-krank-machen?p=all
21 https://www.m-vg.de/mediafiles/Leseprobe/9783868817065.pdf
22 Stern 40/2012; „Hilfe, mein Chef spinnt"; S. 62;
23 https://www.tagesspiegel.de/wirtschaft/stress-und-psychische-erkrankungen-viele-arbeitgeber-fahren-auf-verschleiss/24147226.html
24 http://www.zeit.de/2013/11/Schlechte-Lehrer-Unterrichtsqualitaet
25 http://www.gruenderszene.de/allgemein/studie-grunderfeindlichkeit-lehrer
26 https://www.welt.de/wirtschaft/article164306646/Deutscher-Schulunterricht-ist-wirtschaftsfeindlich.html
27 DeStatis, Einkommens-Verbrauchsstatistik; Zahlen: Vermögen abzüglich Schulden/Verbindlichkeiten
28 http://de.wikipedia.org/wiki/Studienabbruch
29 www.leipzig.ihk.de
30 Broschüre herausgegeben von der IHK zu Leipzig, Goerdelerring 5, 04109 Leipzig; Broschüre Nr. MAO011000.005
31 www.fh-worms.de/ebm-hm/professoren/zache
32 https://www.sueddeutsche.de/geld/sortiment-in-supermaerkten-von-allem-zu-viel-1.2253540
33 https://www.tag24.de/nachrichten/berlin-erfurt-online-haendler-lesara-mode-lifestyle-produkte-insolvenz-pleite-860743
34 https://www.wiwo.de/unternehmen/handel/e-commerce-90-prozent-aller-reinen-online-shops-werden-nicht-ueberleben/9893008.html
35 https://www.sueddeutsche.de/geld/altersvorsorge-frauen-muessen-frueher-sparen-1.2687861
36 Deutsche Aktuar Vereinigung
37 https://www.dge.de/wissenschaft/ernaehrungsberichte/13-dge-ernaehrungsbericht/
38 https://www.ing-diba.de/ueber-uns/presse/pressemitteilungen/zunehmende-automatisierung-gefaehrdet-mehr-als-18-mio-arbeitsplaetze-in-deutschland/
39 https://www.swr.de/odysso/warum-macht-einsamkeit-krank/-/id=1046894/did=22438300/nid=1046894/1a4z3sz/index.html

Bilder

(in Lizenz erworben von stock.adobe.com)

Seite 22; Männer © Art_Photo; Büro-Mitarbeiter © Creativa Images
Seite 23: Männer am Fließband © Siculodoc; Rentnerin© Anke Thomass
Seite 24: Puzzle © Aiotofpeople
Seite 33: Personen © Racle Fotodesign
Seite 34: Hurrikan © Harve Pino
Seite 50: Hängematte © Dudarev Mikhail
Seite 73: Pipeline © Lukassek
Seite 84: Supermarkt © Gina Sanders